L'ART

DU

COUTELIER

EN OUVRAGES COMMUNS.

Par M. FOUGEROUX DE BONDAROY.

M. DCC. LXXII.

AVERTISSEMENT.

POUR peu que l'on ſe ſoit donné par goût à l'étude des Arts, on ne peut voir, ſans ſurpriſe & ſans admiration, la facilité avec laquelle on travaille le fer & l'acier à Saint-Etienne en Forez (*). J'ai principalement éprouvé, en 1763, cette ſenſation agréable, en ſuivant la fabrique de quantité d'uſtenſiles de fer ou d'acier, que l'on tire de Saint-Etienne & de ſes environs; & ſur-tout celle de Couteaux communs que l'on y livre à un prix, on ne peut pas plus médiocre; j'y ai admiré la ſimplicité & le génie dans l'invention des moyens employés à cette Fabrique, & la diligence avec laquelle on exécute ce travail.

Revenu à Paris, j'ai cru devoir décrire cet Art que j'avois étudié dans tous ſes détails. Je ſoumis alors mon travail au jugement de l'Académie, qui penſa que le Public le verroit avec plaiſir; mais comme nous n'avions encore rien de publié ſur l'Art du Coutelier, il étoit impoſſible de juger par comparaiſon des différences du travail que je décrivois, d'avec celles des ouvrages plus recherchés. J'ai donc penſé devoir différer l'impreſſion de ce Mémoire juſqu'à ce moment, où l'Académie ayant donné ſon ſuffrage à l'Art du Coutelier que lui a préſenté M. Perret, le Public peut y voir les travaux de cet Art décrits avec autant d'ordre que de préciſion & de clarté.

Je publie aujourd'hui cette partie intéreſſante; les moyens dont on ſe ſert pour fabriquer ces Ouvrages communs étant, comme je l'ai dit, ingénieux & fort différents de ceux que les Ouvriers emploient ordinairement pour des ouvrages plus recherchés; l'économie eſt le mérite de cet Art. L'induſtrie ſait multiplier dans d'autres Arts les dépenſes & les ſoins pour atteindre à la perfection: le prix de la façon fait ſouvent diſparoître celui de la matiere premiere, quand elle ſort de la main de l'Ouvrier; ici au contraire ſon génie ne s'exerce que pour faire un Couteau qui ſoit d'uſage. Il s'interdit tout ornement, & même toute commodité ſuperflue; il tend ſeulement à l'épargne du travail & du temps, il cherche le bon marché qui en réſulte; & le gain du Manufacturier dépend ſeulement de la modicité du prix, qui mettra ces Couteaux dans le cas de convenir à la multitude, au Peuple.

Il m'étoit aiſé de donner un ordre dans la deſcription de cet Art: voici celui que j'ai choiſi. J'ai diſtribué mon travail en quatre Chapitres. Le premier, traite de la fabrique des Lames; le ſecond, du travail des Manches; le troiſieme, des moyens employés pour monter les Couteaux, c'eſt-à-dire, ajuſter la lame à ſon manche, & lui donner le jeu qui convient pour qu'il ouvre & qu'il ſe ferme; le quatrieme traite de la fabrique des Roſettes.

(*) Saint-Etienne en Forez, à 12 lieues Sud-Oueſt de Lyon.

J'espere que cette Description sera reçue d'autant plus favorablement, qu'elle est nouvelle; personne jusqu'ici n'ayant donné la moindre idée de ces travaux simples & industrieux.

L'ART

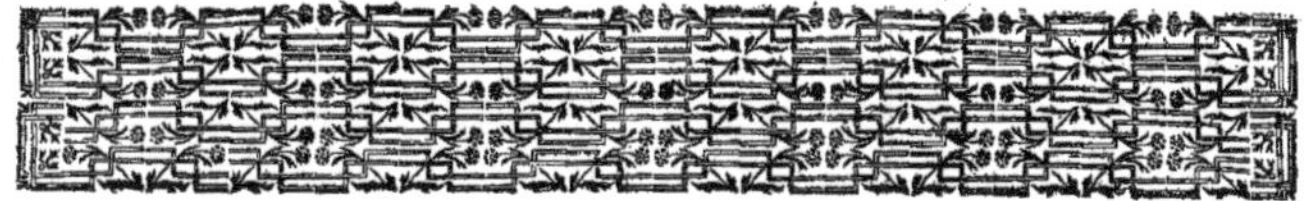

L'ART DU COUTELIER EN OUVRAGES COMMUNS.

Par M. FOUGEROUX DE BONDAROY.

Maniere de faire les Couteaux communs, qu'on nomme à la campagne des Jambettes (*).

Les Couteaux ſont d'un uſage ſi conſidérable, qu'il en faut pour tous les états, de très-recherchés pour les gens opulents, de propres pour les gens aiſés, & de très-ſimples pour les habitants de la campagne & pour le peuple. C'eſt de ces derniers ſeulement dont je me propoſe de parler préſentement : ils méritent peut-être autant que tout autre ouvrage de Coutellerie, l'attention de ceux qui aiment les Arts, non-ſeulement à cauſe du grand débit qu'on en fait, (ce qui prouve démonſtrativement leur utilité & même leur néceſſité,) mais encore parce qu'il a fallu imaginer des pratiques ingénieuſes pour parvenir à les faire très-promptement, & ſe mettre en état de les donner à fort bon marché.

A la campagne on nomme ces Couteaux des *Jambettes* ; à Paris ils ſont aſſez généralement connus ſous le nom de *Euſtache Dubois*, Coutelier de Saint-Etienne en Forez, qui en faiſoit une grande quantité & de très-bons ; ce qui lui a mérité une eſpece de célébrité. Il y a encore à Saint-Etienne des deſcendants de ce Coutelier qui portent le même nom, & qui font de ces Couteaux à la même marque.

L'Ouvrier qui ne s'attache qu'à faire des ouvrages communs, eſt ordinairement

(*) Il y a lieu de ſoupçonner que ces Couteaux ont pris dans le peuple, le nom de *Jambettes*, parce que de tout temps on a fait dans le Limouſin, des Couteaux communs dont le bois repréſentoit aſſez imparfaitement une jambe terminée par un pied, dans laquelle ſe logeoit la lame.

plus assûré du débit, & son gain devient considérable, quoiqu'il ne fasse qu'un profit modique sur chaque Couteau, pourvu qu'il puisse, par une vente suivie, le voir multiplié.

Quoique l'on fasse beaucoup de ces Couteaux ailleurs que dans le Forez, on estime que ce commerce monte à Saint-Etienne & à Chambon, petite ville éloignée d'une lieue de Saint-Etienne, à cinq ou six cents mille livres pour les Couteaux dits *Jambettes*, *Dauphines*, *Eustache Dubois* ou *Couteaux à la Capucine*, &c; car on fait encore dans ces deux villes des Couteaux de table & d'autres pour les Bouchers, qui font aussi un objet de cent mille livres C'est à Saint-Etienne où j'ai vu principalement faire les Couteaux appellés *Jambettes*, *Eustache Dubois*, & ceux *à la Capucine*; & c'est précisément le travail des Couteliers qui en font commerce, que je me propose de décrire.

Il n'y a personne qui ne soit étonné du prix modique de ces Couteaux, & qui ne le devienne encore plus lorsqu'on lui dira qu'on vendoit il y a 50 ou 60 ans, la grosse ou les douze douzaines de ces Couteaux communs, connus à Saint-Etienne sous le nom de *Dauphines*, 25 à 30 sols; aujourd'hui que les marchandises sont augmentées de prix, la grosse se vend 50 à 60 sols à Saint-Etienne (*).

Ainsi pour deux deniers & demi ou pour sept deniers, on a un Couteau dont le manche de bois est, à la vérité, tout au plus simple, mais dont la lame est bonne, & qui, comme on va le voir, outre le prix des matieres premieres, coûte encore à l'Entrepreneur la façon qu'il faut payer à plusieurs Ouvriers avant que de pouvoir le faire entrer dans le commerce; & nous venons de voir que la vente de ces Couteaux de quelques deniers piece, étant multipliée, fait un objet de commerce, pour le Forez, de 5 à 6 cents mille livres.

Un Ouvrier qui ne s'occuperoit qu'à faire de ces Couteaux, ne pourroit pas subsister; mais les Maîtres Couteliers de Saint-Etienne forment des Manufactures où ils emploient 30 ou 40 Ouvriers; & comme chaque Ouvrier n'y fait qu'une seule opération, l'ouvrage s'expédie davantage & est fait plus exactement.

Les Couteaux appellés *Jambettes*, *Dauphines* ou *Eustache-Dubois*, se ferment, c'est-à-dire, que la lame se replie & entre en partie dans le manche: il y a de ces Couteaux qui n'ont qu'un seul clou qui, traversant la lame, forme une goupille qui permet à la lame de se replier, & la lame étant ouverte, est retenue dans une situation droite avec le manche par un talon fait à la lame; ce talon s'appuie sur le manche: on nomme aussi ces Couteaux, *Couteaux à un clou*. Ce talon s'appelle à Paris, *talon à lentilles*.

D'autres ont deux clous à la partie où la lame tient au manche; un qui forme,

(*) On conçoit que je ne veux parler, en citant un prix aussi modique, que de celui auquel on livre, à Saint-Etienne, les Couteaux les plus communs, & ceux qui ont exigé le moins de soin dans leur fabrique; à 30 sols la grosse, c'est deux deniers & demi le Couteau; à 3 livres la grosse, c'est 5 deniers chaque Couteau; & à Paris, (en 1766, que j'écris ceci) au Mortier d'or, rue des Lombards, on en trouve à 7 sols la douzaine, & par conséquent chaque Couteau ouvrant & fermant, à sept deniers piece.

comme aux autres, une goupille sur laquelle tourne la lame, & l'autre fait un arrêt sur lequel appuie le talon de la lame lorsqu'elle est ouverte. Ces Couteaux se nomment *Couteaux à la Capucine*, ou *Couteaux à deux clous*; & comme ils sont plus proprement travaillés que les autres, on les vend un peu plus cher.

Malgré la simplicité de ces ouvrages communs, il faut beaucoup de travail pour les mettre en état d'entrer dans le commerce; & avant que de les donner à un prix aussi modique, ces Couteaux passent, ainsi que nous l'avons déja dit, dans les mains de beaucoup d'Ouvriers différents, qui, chacun, ne font qu'une seule de ces opérations.

Le Coutelier qui fait des Couteaux communs, doit adopter les opérations les moins coûteuses, celles qui abregent & qui diminuent la main-d'œuvre; enfin il doit choisir des moyens qui, en peu de temps, procurent un bon ouvrage, sans viser à ce qui contribueroit à lui ajouter quelqu'ornement.

Je vais commencer par rapporter ce qui regarde le travail des lames, & je parlerai ensuite de celui des manches.

CHAPITRE PREMIER.

Travail des Barreaux d'acier, dont on se propose de faire des Lames.

ON comprend déja, par tout ce que je viens de dire sur le vil prix des Couteaux dont il s'agit, qu'on n'en fait point les lames ni en *étoffe*, ni en acier de *damas artificiel*, ni en acier fin, ni en *bobeches*, &c; toutes ces manieres de les fabriquer rendroient ces sortes de Couteaux d'un trop grand prix.

On peut consulter dans l'Art du Coutelier, *page* 31 & suivantes, ce qui y est dit sur les qualités que doit avoir l'acier, & principalement celles qui conviennent à une bonne lame de Couteau, suivant la destination qu'on veut lui donner; & la maniere de faire les Etoffes, *page* 92 *& suivantes*: toutes ces façons n'ont point lieu à Saint-Etienne pour les ouvrages dont il s'agit ici.

Les lames des Couteaux du Forez, sont faites entiérement d'acier, que l'on tire de Rives en Dauphiné, & dont l'entrepôt est à Lyon. Cet acier est formé en petites billes ou barreaux de 4 pouces de longueur, sur un pouce & demi de largeur, & un demi-pouce d'épaisseur *a*, *Pl.* 1. Plusieurs de ces barreaux sont arrangés à côté les uns des autres; on les entoure de paille & on les couvre d'une toile pour en former des paquets qui pesent 125 livres; c'est ainsi qu'ils arrivent à Lyon, *b b*.

Comme les aciers qui sortent d'une même forge, sont à peu-près d'une même qualité, souvent les Couteliers se contentent de tirer leur acier d'une forge qui s'est fait une réputation, sans en faire des examens, & le mettre à des épreuves pour s'assurer de sa qualité.

L'acier de Rives est généralement estimé. Les Ouvriers de Saint-Etienne le disent aisé à chauffer & à forger. Quand on ne l'a pas *surchauffé*, il a du corps; il est facile à redresser, même quand il a été trempé : il prend un bon tranchant quand on sait le travailler comme il convient à sa nature & à sa qualité; ce que connoissent les Ouvriers de Saint-Etienne, qui ont coutume de l'employer. Il y a cependant à Saint-Etienne des Ouvriers qui réussissent mieux que d'autres; & qui, avec le même acier, font de meilleur ouvrage, parce qu'ils travaillent d'après les connoissances qu'ils ont acquises par l'habitude à l'employer. On convient aussi que toutes les billes d'acier ne se trouvent pas également bonnes.

Nous renvoyons à l'Art du Coutelier pour connoître les différents aciers employés dans la Coutellerie, ceux qui sont les plus généralement estimés, enfin les qualités que l'on demande à l'acier, les défauts de certains, & les moyens de s'en assurer avant de les employer. (*Voy. Art du Coutelier, page* 32.)

A Saint-Etienne on emploie même les mauvaises billes d'acier; cependant les Ouvriers reconnoissent bien aisément les défauts d'un barreau, & seulementen le rompant. Le bon acier doit se casser net; si cela n'est pas, c'est que le fer y domine.

Les Ouvriers savent que l'acier de Rives est assez communément propre à la fabrique de leurs Couteaux, & sur-tout ils ont appris la façon de l'employer, d'où, comme nous venons de le dire, dépend en grande partie la bonté de leurs ouvrages.

L'acier de Rives a du nerf & une certaine ductilité, même à froid; ces qualités sont préférables, pour leur fabrique, à la grande finesse qu'on exigeroit pour des ouvrages plus recherchés.

On réduit l'acier qu'on reçoit de Rives en billes de la dimension que nous avons détaillée ci-dessus, à une épaisseur beaucoup moindre & plus convenable pour en faire des lames de Couteaux. Cette opération se fait dans la petite ville de Chambon, où il y a des *Martinets* qu'un cours d'eau fait mouvoir, ce qui abrege infiniment ce travail; car nous avons prévenu que dans toutes les occasions où l'on peut suppléer aux bras des hommes par des machines, on en tiroit un véritable profit, & que l'on étoit principalement obligé d'employer le génie de l'invention dans la fabrique des ouvrages communs, & qui doivent se livrer à un prix modique.

Des Martinets.

LES Martinets de Chambon ressemblent, à la force près, à ceux dont on fait usage pour les grosses forges. Un filet d'eau tombe sur une roue à aubes *A*, *Pl.* I; cette roue fait tourner un arbre *B* qui lui sert d'axe; cet arbre traverse le mur d'un bâtiment où est le marteau *E*. Le Forgeron ici, de même que dans toutes les *usines*, & sans quitter sa place, est le maître de précipiter ou de ralentir le mouvement du marteau, en élevant plus ou moins une *vanne H*, qui regle la quantité d'eau qui doit tomber sur les aubes de la roue. Il est proche le marteau, &

en tirant ſeulement une corde, il abaiſſe le levier *C*, qui répond à la vanne.

La roue à aubes peut faire 12 à 16 tours par minute, & l'arbre *B* porte 16 mentonnets *D*, qui relevent le marteau de fer *E*, lequel peut peſer environ 100 livres. L'Ouvrier empêche le marteau d'agir en mettant ſous ſon manche vers *E*, & lorſqu'il eſt levé, une piece de bois *F*, qui le maintient dans cette poſition; pour lors le manche du marteau n'eſt plus en priſe aux mentonnets : il ôte ce morceau de bois lorſqu'il veut laiſſer frapper le marteau, qui alors retombe par ſon propre poids. Il frappe ſur l'acier *G*, qu'on veut étirer, & que l'Ouvrier, *Fig.* 2, poſe ſur l'enclume *I*. Tandis que l'Ouvrier regle la vîteſſe des coups de marteau, il donne en même temps un mouvement convenable au fer qu'il lui préſente.

L'Ouvrier eſt aſſis ſur un billot *K*, fort bas, & à une petite diſtance de l'enclume qui eſt entre ſes jambes. Comme ce ſiége n'eſt pas fixe, le Forgeron peut s'éloigner ou s'approcher de l'enclume pour travailler commodément. Il ne quitte point l'enclume pour aller à la forge; c'eſt un autre Ouvrier qu'on nomme le *Chauffeur*, *Fig.* 1, qui eſt chargé d'attiſer le feu, & de donner au barreau une chaude convenable.

Le Chauffeur étant continuellement occupé à faire chauffer ſon acier, connoît parfaitement bien la chaleur qu'il faut lui donner. Il chauffe ſa barre dans la longueur de 7 à 8 pouces, & il l'apporte au Forgeron. A l'égard du ſoufflet *M*, c'eſt encore un filet d'eau qui le fait mouvoir par le moyen des renvois & des manivelles coudées que nous avons repréſentés dans cette Planche premiere, en *P P*.

On emploie, à S. Etienne & dans tout le Forez, du charbon de terre pour chauffer les forges. Ce minéral y eſt en grande abondance & d'une excellente qualité; il y a ſouvent des veines que l'on préféreroit au charbon d'Angleterre.

Il faut aux Chauffeurs différentes tenailles, des pêles & fourgons, &c, &c, & tous les uſtenſiles qu'on emploie ordinairement dans les forges pour le ſervice du feu. Voyez les Figures *g*, *h*, *i*, *k*, *l*, *m*, dont nous ne donnerons pas ici de plus amples deſcriptions, parce qu'on en varie la forme dans différentes Uſines, & parce qu'on les trouvera repréſentées dans l'Art du Coutelier, auquel nous renvoyons.

Le Forgeron, *Fig.* 2, ayant reçu du Chauffeur une piece d'acier, la prend avec des tenailles & l'étire ſous le marteau par une de ſes extrémités; enſuite il la ſaiſit par le bout étiré, & il forge l'autre partie pour l'approcher à peu-près de l'épaiſſeur d'une lame de Couteau, ce qui ne ſe peut faire qu'en lui donnant pluſieurs chaudes.

Comme le marteau frappe avec beaucoup de vîteſſe, il faut que le Forgeron tienne ſon barreau dans un mouvement continuel, afin que le marteau ne donne jamais deux fois au même endroit, & l'Ouvrier-Forgeron doit faire gliſſer ſous le marteau, les différentes parties de la lame d'acier. Quelquefois, mais rarement, l'Ouvrier donne un coup sur le champ de la lame pour la redresser quand elle s'est courbée dans ce sens ; il suit la lame dans toute sa longueur, pour la réduire à l'épaisseur convenable. Cette manœuvre exige de l'adresse ; mais un Ouvrier qui fait continuellement la même opération, acquiert ordinairement celle qui lui est nécessaire pour la bien exécuter.

Le Chauffeur, *Fig.* 1, vient chercher la lame qui est refroidie ; il apporte un autre parallélipipède *NN*, qu'il a fait chauffer, & il remet la lame au feu pour qu'on la réduise, par une seconde opération, à une épaisseur convenable. Il a, près de sa forge, une auge remplie d'eau, & mouille ordinairement la partie qui a été suffisamment étirée, pour que celle-ci, qui a peu d'épaisseur & qui a déja été travaillée, ne se chauffe pas au point de se brûler.

Le Chauffeur doit mettre tous ses soins & son attention pour ne point faire perdre de temps au Forgeron, & pour avoir toujours une barre ou lame chaude à lui donner, quand celle qu'il tient est étirée, en prenant garde que son fer soit assez chaud, sans l'être trop ; il lui reste cependant encore du temps qu'il peut employer à battre le fer qui a déja été étiré sous le Martinet par le Forgeron.

Cet Ouvrier, *Fig.* 3, a une enclume près de sa forge ; celle-ci ordinairement n'a point de bigorne : elle doit être forte, parce que l'on peut avoir à travailler, à l'aide de ces mêmes Martinets, des morceaux de fer ou d'acier de grosses forges ; & pour lors cette enclume trop forte pour de petites lames, peut servir aussi à d'autres ouvrages. On ajoute encore souvent à cette enclume une ouverture *d*, qui sert à placer un *ciseau* ou *tranche*, avec lequel on coupe les barres ou lames lorsqu'elles sont trop longues, & qu'on veut les mettre en état d'être transportées plus aisément.

L'Ouvrier, *Fig.* 3, qui a chauffé l'acier déja étiré sous le Martinet par la Figure premiere, rectifie avec le marteau à main, ce qui pourroit être resté à cette lame de défectueux ; il amincit les parties qui sont restées trop épaisses : il frappe sur l'épaisseur ou sur le champ, vis-à-vis les endroits qui sont trop minces, pour refouler l'acier, & faire prendre à cette partie de la lame plus d'épaisseur ; enfin il la rend d'une largeur & d'une épaisseur uniformes dans toute sa longueur. On conçoit que le travail du Chauffeur est plus ou moins considérable, suivant que le Forgeron lui a remis les lames plus ou moins parfaites ; & il y en a qui sont assez adroits pour que le Chauffeur n'ait presque rien à faire après eux.

Nous ne pouvons trop répéter ici, puisque de-là seul dépend le gain du Manufacturier, qu'il faut que le Chauffeur & le Forgeron travaillent de concert, &, pour ainsi dire, d'un mouvement égal, pour que l'un ne fasse pas attendre l'autre ; car chaque moment augmente le prix de la marchandise pour l'Ouvrier qui est chargé de la travailler, ou diminue le gain de l'Entrepreneur, qui paye les Ouvriers, & qui les emploie.

Le parallélipipede d'acier *a* ou *N*, qui a, comme nous l'avons dit, 4 pouces de long, sur un pouce & demi de large, & un demi-pouce d'épaisseur, prend sous le Martinet la forme d'une lame plus ou moins mince, qui a au plus une ligne & demie d'épaiſſeur, & environ 3 ou 4 pieds de longueur, ſur 2 pouces de largeur *ff* ou *L*, dans la Vignette; cependant ces dimenſions varient ſuivant la grandeur des Couteaux qu'on ſe propoſe de faire (*).

Le Forgeron & le Chauffeur ont dû connoître, en travaillant l'acier, ſes qualités ou ſes défauts. S'il eſt *pailleux*, ou s'il ſe *dépece* ſous le marteau, l'Ouvrier s'y conforme pour lui donner une chaude convenable, & pour régler, en le forgeant, la quantité de ſes coups de marteau; car, le Forgeron n'eſt pas le maître de changer la force des coups de marteau du Martinet, il ne peut qu'en régler la vîteſſe, en donnant plus ou moins d'eau; mais il peut le chauffer plus ou moins, & ſans cette attention il ſe découvriroit une grande quantité de pailles & de défauts en travaillant ou finiſſant les lames, ou en les repaſſant ſur la meule. Lorſque l'ouvrage eſt poli, on peut diſtinguer plus aiſément les endroits qui ont été brûlés en le forgeant, ou ceux qui ſont reſtés en fer, tandis que d'autres ſont convertis en acier.

On ne fait à Chambon que réduire l'acier en lames ſous le Martinet, ainſi que nous venons de le décrire: on apporte ces longues barres plates à Saint-Etienne, pour y être travaillées par les Couteliers.

ARTICLE PREMIER.

Maniere dont on forge les Lames de Couteaux.

NOUS nous bornerons à décrire les outils particuliers aux Couteliers de Saint-Etienne, avec leſquels ils exécutent promptement leurs ouvrages, ſans entrer dans aucun détail ſur ceux qui ſervent aux Couteliers qui fabriquent des pieces plus recherchées. Voyez l'*Art du Coutelier*, pour tout ce qui regarde la forge, *page* 42, où eſt décrit aſſez au long tout ce qui en dépend.

A S. Etienne, ordinairement c'eſt une femme, *Fig.* 2, *Pl. II*, ou un petit garçon, qui eſt chargé de faire agir le ſoufflet, en terme d'Ouvrier, *de tirer la vache.*

L'Ouvrier *Pl. II*, *Fig.* 1, après avoir fait chauffer l'extrémité d'une des lames qui ont été étirées à Chambon, la porte ſur l'enclume pour la forger & lui faire prendre la forme d'une lame de Couteau, *Fig.* 5. Voyez la deſcription de l'enclume du Coutelier, *page* 45, de l'*Art du Coutelier.*

Quoique la bigorne ſoit inutile aux enclumes des Couteliers de S. Etienne pour faire des lames de Couteaux, leur enclume en ont toujours une (**); l'enclume a auſſi ſur ſa table une mortaiſe *D*, qui ſert à mettre une *tranche* ou *tranchet A*, *Fig.* 1, *Pl. II*, *Vignette*, & repréſentée plus en grand dans le bas de la Planche, *Fig.* 11 & 11*. Ce *tranchet* ou *ciſeau* eſt deſtiné à couper la lame du

(*) On fait de la même maniere, ſous le Martinet, les lames de ſabre & d'épées, en laiſſant ſeulement plus de largeur à la lame d'acier.

(**) On conſerve la bigorne aux enclumes des Couteliers, parce qu'elle eſt néceſſaire pour faire les Ciſeaux & d'autres ouvrages du reſſort de ce Corps de métier.

Couteau lorſqu'on en aura déterminé la longueur. On peut auſſi ôter ce tranchet; & mettre dans cette même mortaiſe *D*, différents *tas*, dont nous parlerons dans un inſtant, lorſqu'il s'agira d'expliquer comment on donne la forme aux talons des lames.

La lame prend ſous le marteau la forme qu'elle doit avoir; l'Ouvrier frappe plus d'un côté que de l'autre, pour préparer le tranchant & le dos du Couteau: on nomme ce travail *rabattre la lame*, *le tranchant & le dos du Couteau*. Lorſqu'on ſe ſert d'un marteau différent de celui à forger, on appelle celui qu'on y emploie *marteau à rabattre*; mais à Saint-Etienne on ne change point de marteau; celui à forger ſert auſſi à rabattre. Il y a des Ouvriers plus adroits qui donnent cette forme plus promptement & plus réguliérement que d'autres; mais on ne peut, par l'explication, donner une idée de cette adreſſe que l'Ouvrier acquiert par une longue habitude: il faut que le Lecteur ſupplée à ce que la plume ne peut apprendre.

Pour former l'extrémité de la lame qui, dans la plupart de ces ſortes de Couteaux, eſt arrondie & relevée un peu du côté du dos, comme on le voit *Fig.* 16, *Pl. II* (*), l'Ouvrier poſe de champ ſa lame ſur le bord de l'enclume; & frappant ſur ce qui doit faire le tranchant, il l'oblige de ſe relever un peu, comme on le voit *Fig.* 2. Il ne faut plus que travailler de nouveau le tranchant à cette partie de l'extrémité de la lame qu'on a redreſſée; & l'on s'y prend, pour rabattre cette partie, comme on l'a fait pour le tranchant du reſtant de la lame.

Les marteaux dont ſe ſervent les Couteliers pour forger leurs lames, peſent 4 à 5 livres; ils ont deux têtes à peu-près ſemblables & un peu arrondies.

Nous ne nous arrêterons pas davantage à décrire ce marteau, parce qu'il en eſt queſtion dans l'Art du Coutelier déja publié.

On diſtingue dans la lame d'un Couteau l'extrémité de la lame, qu'on nomme la *pointe*, le *tranchant* ou le *coupant de la lame*, & le *dos*, ce qu'on nomme le *corps de la lame*; enfin la ſeconde extrémité de la lame, qui lui ſert d'attache dans le manche, & qu'on appelle ordinairement le *talon*: de la perfection de toutes ces parties dépend la bonté de la lame.

Lorſque la lame du Couteau a pris à peu-près la forme qu'elle doit avoir, il faut la détacher de la longue lame d'acier, *Fig.* 1, ce qui ſe fait au moyen du tranchet *A*, dont nous avons parlé; l'Ouvrier poſe ſa lame ſur le tranchet; au premier coup de marteau il l'entame, & ſouvent la ſépare entiérement, ou un ſecond coup donné ſur la face oppoſée, ſuffit pour la déſunir: elle eſt alors comme on la voit repréſentée *Fig.* 2, au bas de la Planche; & pour que ces lames ſoient toutes d'une même longueur & proportionnées aux manches, l'Ouvrier a des marques ſur ſon enclume, qui lui tiennent lieu de regle & de compas: ces marques lui indiquent l'endroit où il doit couper la lame.

(*) Les Couteaux dont nous donnons ici la fabrique, n'ont pas tous la lame arrondie, comme dans la Fig. 16; ceux que l'on vend à un prix ſi modique, ſont plus pointus & reſſemblent davantage à l'extrémité de la lame de la Figure 18.

Il s'agit maintenant de former le talon ou la partie de la lame de cette espece de Couteau, qui s'attache au manche. On sait, d'après ce que nous avons déja dit, que ces lames sont retenues dans le manche, à l'aide d'une *broche* ou *goupille* de fil de fer qui la traverse, ainsi que le manche sur laquelle elle est rivée.

La lame tourne sur cette goupille qui la retient au manche, & sur laquelle elle décrit un demi-cercle, *Fig.* 16 & *Fig.* 17, chaque fois qu'on ferme ou qu'on ouvre le Couteau. Dans cette derniere position, la lame & le manche font à peu-près une ligne droite ; mais il ne faut pas qu'elle se renverse quand on appuie avec le tranchant.

Pour faciliter le jeu de la lame sur le manche, on forme en biais cette extrémité qui doit tenir au manche, & on y fait, pour terminer l'angle du côté du dos, un bouton qui ressemble à une tête de clou. Ce bouton venant à porter sur le manche du Couteau, servira d'arrêt à la lame, & l'empêchera de se renverser. C'est par cette méchanique très-simple que le Couteau reste ouvert, *Fig.* 16.

Nous avons quitté le Forgeron, après avoir donné à la lame de Couteau la forme qu'on lui voit dans la Figure 2 ; cet Ouvrier fait à cette lame l'espece de talon dont nous avons parlé, & que l'on voit, *Fig.* 3 ; en frappant la lame sur la *carne* de son enclume, & frappant tantôt sur le tranchant & tantôt sur le plat de la lame, il allonge ensuite cette partie qu'il a relevée, & la renverse à l'équerre, comme on le voit, *Fig.* 4, *a.*

Il ne s'agit plus alors que de faire ce bouton qui doit la terminer. On place le *talon* de la lame dans la fente d'un *tas*, *Fig.* 14 ou 15 ; ce tas est d'acier *trempé*, & l'Ouvrier l'a posé dans la mortaise *D* de l'enclume, à la place de la tranche dont nous avons parlé.

Le Coutelier fait entrer dans la fente du tas, le tranchant du talon de sa lame, qu'il tire de la forge ; il faut que pour lors la partie *a*, *Fig.* 4, de la lame qui est destinée à faire le bouton *b b*, *Fig.* 5 & 6, déborde le tas de quelques lignes ; & le talon de la lame étant comme dans une espece de *Clouyere*, (*) il est facile de former avec le marteau le petit bouton *b b*, *Fig.* 5 & 6, qui ressemble à la tête d'un petit clou ; & le talon de la lame qui est chauffée au rouge, se moule en quelque façon dans la fente du tas qui est d'acier trempé.

Il faut percer la lame vers le milieu de la largeur du talon *c*, *Fig.* 6 : l'habitude des Ouvriers fait, qu'à l'œil & sans prendre de mesure, ils placent ce trou où il doit être. Ils se servent d'un poinçon, *Fig.* 8, dont la pointe est fort mousse : au premier coup de marteau donné sur le poinçon, posé à froid sur la lame, il se forme une bosse en dessous de l'endroit où porte le

(*) On appelle *Clouyere*, une espece de moule à peu-près semblable à celui-ci, qui sert à former la tête des clous.

poinçon ; lorſqu'on a retourné la lame, un ſecond coup de marteau détache le morceau. Aſſez ſouvent on ne donne ce ſecond coup, que lorſqu'on monte le Couteau ; car la piece peut encore être détachée à froid, en poſant la lame ſur un morceau de bois ou de plomb. Cette façon de percer, que les Serruriers emploient en une infinité d'occaſions pour des ouvrages de peu de conſéquence, eſt plus expéditive que ne ſeroit le *foret*, mais pas ſi propre, ni ſi juſte ; auſſi les Couteliers ſe ſervent-ils ordinairement du foret pour des ouvrages plus recherchés. *Voyez l'Art du Coutelier.*

On conçoit que quand le talon de la lame ſera uni au manche par la goupille, on pourra ouvrir le Couteau juſqu'à ce que le bouton *b*, *Fig.* 5, rencontre & s'appuie ſur le manche ; rien n'empêchera auſſi que l'on ne ferme le Couteau, & que la lame ne ſe loge dans l'épaiſſeur du manche, comme on le voit, *Figure* 17.

C'eſt encore celui qui forge la lame, & que nous nommons le Forgeron, (parce qu'il ne fait que cela, & qu'il n'eſt point chargé de monter le Couteau) qui marque la lame. C'eſt lui qui imprime vers le talon le nom de l'Ouvrier. Cette marque eſt en relief ſur un poinçon d'acier *a*, *b*, *Fig.* 7, & ce ſera, ſi l'on veut, *Euſtache Dubois.*

L'Ouvrier tient ce poinçon d'une main ; il l'appuie à froid ſur la lame, en le tenant bien perpendiculaire, & il frappe ſur le poinçon aſſez fort pour que les caracteres s'impriment de maniere qu'ils ne ſoient point effacés quand on paſſera la lame ſur la meule, ſans cependant qu'ils traverſent la lame. C'eſt pour cela qu'on poſe le poinçon un peu du côté du dos de la lame, qui doit être plus épais que la partie du tranchant.

Ce poinçon, *Fig.* 7, *a* & *b*, eſt ſouvent fait avec pluſieurs angles, & non uni, afin qu'il tienne mieux dans les mains de celui qui l'emploie.

ARTICLE SECOND.

Du travail des Lames des Couteaux à deux Clous.

Les Couteaux à deux clous, *Fig.* 18 & 19, que l'on nomme auſſi *à la Capucine*, ont leurs lames d'une autre forme que ceux qui n'ont qu'un clou. On les fait un peu plus longues, & elles ſe terminent aſſez ordinairement en pointe. A cela près, on forge de la même maniere & les unes & les autres ; la principale différence, celle qui exige que l'Ouvrier ſuive une autre pratique, eſt dans l'exécution du talon.

Les Couteaux à un clou ſont, comme nous venons de l'expliquer, retenus ouverts par un bouton qui s'appuie ſur le manche. C'eſt, ſans contredit, la façon la plus ſimple ; mais on reproche à ce bouton de déborder le manche, quand le Couteau eſt fermé, & de déchirer ou bleſſer la main & de percer les poches. On a imaginé, pour éviter ces petits inconvénients, de retrancher le bouton & de former au talon de la lame une espece de dent ou un prolongement *a*, *Fig.* 10, qui s'appuie quand le Couteau est ouvert sur une broche ou un second clou *b*, *Fig.* 18, placé un peu en arriere & au-dessous du clou sur lequel tourne la lame. La partie *b*, *Fig.* 10, est arrondie pour qu'elle ne rencontre point le second clou *b*, *Fig.* 18, sur lequel s'appuie l'allongement *a* de la Fig. 10, lorsque le Couteau est ouvert. On conçoit aisément que la lame tourne sur un clou, comme sur un axe, & que l'échancrure faite au talon va se poser sur l'autre clou où elle s'arrête, au lieu que dans les Couteaux *à ressort*, elle s'appuie sur la tête du ressort.

Les Couteaux à deux clous ne sont donc, à proprement parler, différents des Couteaux à un clou, que par le talon de la lame, comme on l'apperçoit en comparant la Figure 6, avec la Figure 10.

C'est aussi avec un tas qu'on donne au talon des lames à deux clous la figure qui leur convient. Ce tas, *Fig.* 12 & 13, se place comme l'autre dans la mortaise qu'on a pratiquée sur la table de l'enclume. La partie *a*, *Fig.* 12, sert d'appui à la lame ; la partie *b* creusée en quart de rond, sert à former la partie *b*, *Fig.* 10 ; au milieu est le trou par lequel passe la broche qui permet à la lame de s'ouvrir & de se fermer. Enfin, la partie *c* du tas, *Fig.* 12, sert à faire le prolongement *a*, *Fig.* 10, qui doit former un arrêt en s'appuyant sur le clou *c*, *Fig.* 10, lors que le Couteau est ouvert. On voit l'accord du talon de la lame avec les parties correspondantes du tas, *Fig.* 9. Ainsi le tas, *Fig.* 12, est une *étampe* sur laquelle le talon étant chaud se moule, en le forçant, à coups de marteau, d'entrer dans les échancrures de cette étampe. Les moyens employés dans la fabrique des Couteaux à deux clous doivent demander un peu plus de soin que pour ceux à un clou ; (car c'est une espece de luxe ou au moins de recherche en ce genre ;) aussi se vendent-ils un peu davantage. Nous renvoyons pour la fabrique des lames de Couteaux plus recherchés à l'*Art du Coutelier*, déja publié, où l'on trouvera les détails les plus complets, & les plus satisfaisants.

ARTICLE TROISIEME.

Des Lames des Couteaux de table ou à Gaîne.

ON sait que ces sortes de Couteaux ne se replient point dans le manche ; si l'on veut les transporter & les mettre dans la poche, il faut enfermer la lame dans un étui ou une *gaîne* pour ne se point blesser. Cette lame est donc toujours ouverte ; elle ne fait qu'une ligne droite avec le manche, & voici comme elle y est retenue.

La lame porte une *broche* allongée, *Fig.* 26, *c b*, appellée *soie*. Cette partie est destinée à entrer dans une ouverture que l'on a pratiquée longitudinalement dans l'épaisseur du manche, *Fig.* 27, & la lame de ce Couteau est enveloppée, ou plutôt couverte & enfermée dans un étui ou *gaîne*; *Fig.* 28.

On fait à Saint-Etienne des Couteaux de table, & des Couteaux pour les Bouchers, entiérement d'acier; ces Couteaux ne sont point à mitre; on prend pour forger ces lames de l'acier étiré, que l'on coupe à une certaine longueur, suivant celle du Couteau. On laisse la lame d'acier plus longue en la coupant sur la tranche, parce que la soie qui est destinée à entrer dans le manche est prise sur le même acier que la lame. On forge la lame comme nous l'avons expliqué. On pose l'extrémité de la lame du côté de la soie sur un tas, pour lui former cette espece de tête qui la termine, & on se sert du reste de l'acier pour travailler sur l'enclume cette broche qui doit entrer dans le manche. Voyez la Figure 26.

Comme le travail du Forgeron est payé à la grosse, il l'expédie le plus qu'il peut, & ce qu'il laisse à faire est bien plutôt exécuté sur la *meule*, qu'il ne le pourroit faire avec son marteau. Nous parlerons dans un moment de cette derniere perfection qu'on donne aux lames.

Les lames des Couteaux à gaînes, qu'on appelle *à mitres*, ne se font pas entiérement d'acier. Le Forgeron a un morceau de fer quarré, dont l'épaisseur & la largeur sont réglées sur celles des lames qu'il doit faire. Il coupe ou ouvre ce morceau de fer en présentant sur la barre rouge posée sur l'enclume le *ciseau* ou la *tranche* retenu dans un bâton (voyez *Pl. VI*, *Fig.* 10) que tient un Ouvrier, tandis que le Forgeron frappe dessus la tranche avec un marteau à deux mains. Du premier coup, il fend le bout de la barre de fer par le milieu de la longueur d'un pouce au plus. Il met une piece d'acier coupée de grandeur dans l'ouverture faite au fer, & à l'aide d'une seule chaude il soude cet acier entre les deux fers. L'acier sert à former la lame. Il rejette du côté du dos, la partie où il est resté plus de fer; & la soie plate ou quarrée se trouve formée avec le fer, ainsi que la mitre. L'Ouvrier laisse un renflement à l'extrémité *c*, *Fig.* 26, de la lame, du côté de la soie *c b*, pour servir à former la mitre. Cette partie plus épaisse & plus forte, donnera un soutien à la lame sur le manche, en même temps qu'elle servira d'ornement au Couteau.

L'Ouvrier se sert d'un outil, qu'on nomme *châsse* à Saint-Etienne, pour former la mitre du Couteau. Il pose la châsse sur cette partie plus renflée, dont nous avons parlé; & en frappant sur la châsse, il comprime le fer rouge qui se trouve entre elle & le tas. Elle y prend la forme en relief de la mitre, qui est en creux dans le tas, aussi bien que dans le bout de la châsse, & en même temps la lame y reçoit cette moulure ou l'anneau qui sépare la lame de la soie, & qui s'applique sur l'extrémité du manche quand le Couteau est monté.

Ces Couteaux exigent plus de soins que ceux dont les lames sont entiérement d'acier; aussi coutent-ils plus cher. Lorsqu'on destine ces lames à former

former des Couteaux communs : on ne les retouche presque point à la lime, & on les envoie aux *meulieres*, qui leur donnent tout le fini qui convient à ces sortes d'ouvrages.

Nous ne parlerons point ici de la fabrique des Couteaux à ressort, parce que nous avons averti que nous ne décririons que les Ouvrages de Saint-Etienne, qui exigeoient le moins de soins, & qui étoient les plus communs, & que ces Couteaux ne peuvent être compris dans ce nombre; d'ailleurs, même à Saint-Etienne, les moyens que l'on emploie pour les travailler, sont peu différents de ceux qui sont décrits dans l'Art du Coutelier; seulement on dégrossit chaque piece sur l'enclume, & on les envoie aux *meulieres*. Nous verrons dans un moment combien on avance l'ouvrage avec cette machine très-simple, que l'eau fait mouvoir. La plus forte lime conduite par des bras, n'opéreroit jamais avec la même promptitude, & coûteroit davantage ; cette machine, en diminuant la main-d'œuvre, fait une vraie richesse pour Saint-Etienne, comme on le verra par les détails où nous entrerons en la décrivant.

ARTICLE QUATRIEME.

Des Lames de Serpette.

IL y a quelques Couteliers à Saint-Etienne qui s'occupent uniquement du travail des Serpettes. On en fait, ainsi que des Couteaux, à un clou, à deux clous, & d'autres ont, comme les Couteaux à gaînes, une soie ou *méche* qui les retient dans leur manche : enfin d'autres sont à ressort; mais nous n'en parlerons pas ici.

Les lames de Serpette se font précisément comme celles des Couteaux; on y emploie le même acier. On donne à ces lames la courbure qui leur convient, en les forgeant, & frappant la lame ou sur le champ ou sur les bords de l'enclume. Ensuite on les frappe sur le plat pour les mettre d'épaisseur. Quand la pointe est formée, on les coupe, *Fig.* 20, *Pl. II,* on fait le talon sur le tas, *Fig.* 21 & 22; enfin on travaille le bouton, *Fig.* 23, comme nous l'avons décrit pour ceux des Couteaux à un clou. On fait aussi les lames de Serpette à deux clous, comme celles des Couteaux à deux clous. Celles-ci sont ordinairement travaillées avec plus de soin.

Il y a plus d'attention à donner aux lames de Serpette, qu'aux lames de Couteau. Les proportions de la longueur de la lame, sont réglées sur sa largeur, ainsi que l'arrondissement de la partie courbe qui termine la lame de la Serpette. La longueur des lames des Serpettes doit être proportionnée à leur courbure.

On doit chercher un bon acier; car, comme ces lames sont destinées à couper du bois vert, & souvent dur, il faut que la lame ne se *rebrousse* pas, ne *s'égréne*, ou ne *s'ébreche* pas, ce qui est la même chose.

L'Ouvrier Forgeron pourroit, sur son enclume, mettre les lames de Serpette à peu-près dans l'état où elles doivent ſe trouver pour être emmanchées: il y auroit moins d'ouvrage à faire ſur la meule ; mais nous avons déja dit qu'on lui payoit ſon ouvrage à la groſſe, & qu'il ne cherchoit qu'à le livrer; d'ailleurs, les meules dont nous parlerons, perfectionnent en très-peu de temps les lames, qui en exigeroient beaucoup, ſi l'Ouvrier les travailloit au marteau, & vouloit les y finir.

Lorſque les Ouvriers donnent la derniere chaude aux lames de Couteau & de Serpette, ils ont coutume (comme c'eſt l'ordinaire de tous les Forgerons) de mouiller leur marteau. Ce moyen rend plus promptement leur ouvrage uni; les lames ſe dépouillent plus vîte de ces écailles, ou de ce fer brûlé qui recouvre ordinairement les pieces en ſortant de la forge.

Les bons Ouvriers & les plus habiles ſont perſuadés qu'il ne faut chauffer l'acier que le moins qu'il eſt poſſible, pour ne le point brûler & ne lui laiſſer perdre aucune de ſes qualités.

ARTICLE CINQUIEME.

De la Trempe des Lames.

TOUS les outils acérés & tranchants, comme Couteaux, Serpettes, &c. acquierent leurs qualités de la *trempe*; les différents aciers exigent différentes attentions en les trempant, & le même acier doit être trempé différemment, ſuivant l'uſage auquel l'inſtrument qu'on veut faire eſt deſtiné; il ne faut pas qu'un Raſoir ſoit trempé comme un Couteau. Nous renvoyons encore ici à ce qui a été dit dans *l'Art du Coutelier* ſur cet objet intéreſſant, d'où dépend en grande partie les qualités des ouvrages de Coutellerie : *voyez* page 101.

La façon de tremper les lames à Saint-Etienne eſt ſimple & uniforme. On chauffe les lames un peu plus que couleur de ceriſe ; paſſé ce degré de chaleur, elles viennent à la couleur de roſe. Il faut pour l'acier de Rives, un milieu entre ces deux marques, qui ſervent d'indications au Coutelier; mais jamais l'Ouvrier attentif ne laiſſe paſſer cette derniere couleur : car ſi la nuance couleur de roſe s'affoibliſſoit, & ſi la lame commençoit à blanchir ; la trempe ne ſeroit pas auſſi bonne pour un Couteau. Ainſi dès que l'Ouvrier voit que la lame prend la couleur de ceriſe tirant ſur la roſe, il la retire du feu & la trempe dans l'eau froide.

Quelques Couteliers de Saint-Etienne ſont perſuadés que l'eau de puits y eſt préférable à celle de riviere; cependant la plupart ſont d'un avis contraire, & généralement à Paris on croit que l'eau de Seine réuſſit mieux que l'eau de puits.

Les Couteliers doivent ſavoir que, plus l'acier eſt fin, moins il faut lui donner de chaleur pour le tremper; & quoique cette opération paroiſſe des plus ſimples, elle exige cependant des attentions ; il y a des Couteliers qui y réussissent beaucoup mieux que d'autres. Pour sentir d'où cela dépend, il faut savoir qu'un même acier peut prendre plus ou moins de dureté par la trempe.

En général, plus l'acier qu'on veut tremper a été chauffé, plus l'eau dont on se sert pour tremper est froide, plus l'acier durcit par la trempe; mais aussi plus l'acier est cassant. Si une lame est trempée trop dure, elle *s'ébréche* lorsqu'elle rencontre un corps dur, ou pour employer le terme vulgaire, elle *s'égréne*; si elle est trempée trop *molle*, le tranchant se *rebrousse*: ainsi l'opération de la trempe, toute simple qu'elle est, change la disposition des parties de l'acier. De mol & de ductile qu'il étoit avant d'avoir été trempé, il devient dur, élastique & cassant; il prend à la vérité un beau poli. Ces considérations font voir qu'il ne faut pas procurer aux lames toute la dureté dont l'acier est susceptible, parce qu'elles s'ébrécheroient trop aisément; il ne faut pas non plus ne les pas assez tremper, parce qu'elles ne couperoient pas. Tout ceci deviendra très-clair pour celui qui comparera ce qui a été dit dans *l'Art du Coutelier*, *pag.* 101, avec le peu que nous avons ajouté ici.

D'après ce que nous venons de dire, il est aisé d'imaginer qu'on pourroit saisir ce point convenable, ou en chauffant peu l'acier, ou en le trempant dans une eau plus ou moins froide; mais il seroit très-difficile d'atteindre, par ce moyen, le point que l'on desire. C'est pourquoi les Couteliers trempent toujours leurs lames très-dures, & ils diminuent ensuite une partie de la dureté de la trempe, en *recuisant* les lames, ainsi que nous l'allons dire.

A mesure que l'Ouvrier a forgé & marqué une lame de Couteau ou une lame de Serpette, il la trempe. Après lui avoir donné le degré de chaleur qu'il sait être convenable, il la plonge dans l'eau & la retire, ainsi que nous l'avons expliqué: mais comme l'extrémité de la lame est mince, elle s'échauffe plus promptement que le reste de la lame; & comme c'est la partie qui reçoit ordinairement la premiere impression de l'eau, lorsqu'on y plonge la lame, c'est aussi celle qui dans les Couteaux prend le plus de dureté. Les Couteliers en Ouvrages recherchés ont toutes ces attentions, & beaucoup d'autres encore; ils se conforment aux différentes épaisseurs des morceaux qu'ils trempent; ils ont égard à la température de l'air, considérant si leur eau ne s'échauffe pas après avoir reçu plusieurs lames; ils ont encore l'attention de mettre, autant qu'il est possible, l'auge à tremper dans un endroit obscur, on y voit mieux la couleur de l'acier chauffé que l'on trempe: mais ceux de Saint-Etienne réduisent leurs travaux à la *trempe* & au *recuit*; & ces deux opérations y sont faites sans beaucoup de soins. Il y a cependant une réflexion qui suffira pour expliquer comment ces Ouvriers atteignent assez ordinairement ce point fixe, qui fait une bonne lame, & qu'ils ne s'en écartent gueres. Les Ouvriers qui trempent, travaillent toujours le même acier, qu'ils emploient à faire les mêmes especes de Couteaux, & le Forgeur est toujours celui qui trempe; c'est un grand avantage, qui contribue sans doute à la bonté de l'ouvrage.

ARTICLE SIXIEME.

Du Recuit.

Si l'on chauffe, & qu'on fasse rougir au feu un morceau d'acier qui ait été trempé, il perd toute sa dureté ; il redevient comme s'il ne l'avoit pas été ; & ce qu'il est important de savoir, c'est qu'il perd de sa dureté proportionnellement à la chaleur qu'on lui a fait éprouver, & qu'un degré foible de chaleur ne lui fait perdre que peu de sa dureté.

L'opération qu'on appelle *recuire*, consiste à lui faire perdre, par un certain degré de chaleur, une partie de sa dureté, ou à le détremper un peu ; mais il faut connoître avec précision ce degré de *recuit*.

Voici une propriété de l'acier qui fournit aux Couteliers un moyen de connoître les différents degrés de recuit. Les lames d'acier, lorsqu'elles sont exposées à un feu doux de charbon, prennent différentes couleurs ou plutôt passent par différentes nuances à mesure qu'on les expose à une plus grande chaleur ou plus continue. La premiere nuance est couleur de paille ou jaune foible, auquel succede la couleur d'or; elles blanchissent; ensuite paroît la couleur de pourpre, violet, la couleur bleue, & enfin la couleur d'eau ; c'est l'une de ces différentes nuances que l'on doit observer avec beaucoup de soin pour retirer au moment convenable l'acier que l'on recuit suivant qu'on le destine à un usage ou à un autre. Les ressorts de montre ont été poussés presque jusqu'à la couleur d'eau. Ils ont éprouvé le plus grand recuit, & après qu'on les a finis & polis on les expose encore une autre fois à un recuit, pour leur donner la couleur violette qu'ils conservent toujours. Mais ce second recuit n'est pas si fort que le premier ; par conséquent il ne ramollit pas davantage l'acier.

La lame de Couteau qui a été trempée dans l'eau froide, après avoir pris au feu une couleur de cerise, y est devenue brune en se refroidissant. Lorsque dans cet état, on l'expose de nouveau à la chaleur, au premier degré qu'elle souffre, elle s'éclaircit un peu, elle prend une couleur jaunâtre ou couleur d'or C'est à ce terme que les Couteliers de Saint-Etienne font recuire leurs lames de Couteaux. S'ils les laissoient exposées à une chaleur plus continue, ces lames deviendroient bleuâtres, seroient trop tendres, & ne couperoient pas aussi bien. Ils prennent une lame dans une tenaille ou pince ; ils la tiennent au-dessus du feu de la forge & dans la vapeur du charbon, jusqu'à ce qu'elle ait acquis la couleur qu'ils desirent, & ils laissent la lame se refroidir doucement auprès de la forge.

Comme il faut accélérer la fin de l'ouvrage pour des Couteaux qui se vendent un prix si modique, le Coutelier a l'habitude d'arranger convenablement le charbon de la forge bien allumé. Il le met en dos-d'âne, & pose la lame sur ce charbon, le dos de la lame appuyé sur la partie la plus haute du charbon, parce

parce qu'étant plus épaiſſe & touchant immédiatement le charbon, auſſi s'échauffera-t-elle davantage que le tranchant, eu égard à cette poſition. Il ne faut plus ſouffler, lorſqu'on poſe les lames ſur le charbon.

Le Coutelier met à la fois juſqu'à deux & trois douzaines de lames de Couteau ou de Serpette autour du feu. Celles qui ſont ſur le charbon le mieux allumé reçoivent les premieres le recuit, & à meſure qu'elles prennent la couleur requiſe, il les retire & rapproche les lames les unes des autres ou en ajoute de nouvelles.

Il ne faut pas croire que les changements de couleur qu'éprouve l'acier au feu ne laiſſent abſolument aucune incertitude. La variété des aciers & la vivacité peu égale de la chaleur où on les expoſe, cauſent ſouvent de très-grandes différences. On voit cependant que les Couteliers de Saint-Etienne ne prêtent pas une grande attention en faiſant cette opération : à la vérité, (ainſi que nous l'avons déja dit), comme ils travaillent toujours le même acier, & qu'ils ſont occupés aux mêmes opérations pour faire la même eſpece de Couteau, ils faiſiſſent aſſez exactement & au premier coup d'œil le degré de la *trempe*, & celui du *recuit* convenable.

L'Ouvrier doit donc ici connoître la nature de ſon acier plus particuliérement encore que pour les dernieres opérations ; il eſt eſſentiel qu'il ſache ſi ſon acier s'échauffe aiſément ; il faut même qu'il ſoit inſtruit de la bonté & de la vivacité du charbon de terre qu'il emploie. (*Voy. page* 106, *de l'Art du Coutelier*).

Le Forgeron *dreſſe* enſuite à froid les lames qui ont été trempées & recuites.

ARTICLE SEPTIEME.

De la façon de dreſſer les Lames.

L'ACIER, ſur-tout celui qui a été réduit en feuilles minces comme les lames de Couteau , de Serpette, &c. eſt ſujet à *s'envoiler* , à ſe *déjetter* , & à ſe courber à la trempe ; il faut donc les *dreſſer*, & pour le faire avec plus d'avantage, on dreſſe les lames lorſqu'elles ont été attendries par le recuit.

On les porte ſur l'enclume & on les y dreſſe à froid avec le marteau, qu'on nomme *à dreſſer*, qui a un côté taillé en pointe de diamant.

Ce travail ne demande pas une grande intelligence de la part de l'Ouvrier, & il l'exécute très-promptement ; ainſi nous ne nous y arrêterons pas plus long-temps.

Les lames ſont pour lors finies pour ce qui regarde le Forgeron ; elles recevront leur derniere perfection ſur les *meules* : nous allons les ſuivre dans cet attelier.

Nous avons déja décrit beaucoup de petites opérations pour faire une lame de Couteau, ſoit à un clou, ſoit à deux clous, ou pour faire une lame de

Serpette ; mais il reste encore bien des travaux avant que le Couteau ou la Serpette soient en état d'être vendus. Continuons notre description, & voyons les moyens expéditifs que l'on emploie pour les aiguiser sur les meules.

ARTICLE HUITIEME.

Des Usines où sont les Meules.

L'USINE dont nous allons parler, se nomme *Meuliere*, parce que toutes les opérations s'y exécutent avec le secours de grandes meules que l'eau fait tourner. Voyez *Pl. III.*

Chaque Coutelier de Saint-Etienne pourroit finir chez lui les lames qu'il a forgées, avec les petites meules que les autres Couteliers emploient ordinairement, & dont on a parlé (*voyez l'Art du Coutelier, pag.* 47), en décrivant les outils du Coutelier ; mais à Saint-Etienne on profite de petits cours d'eau voisins de la Ville, pour faire tourner avec une grande vîtesse de très-grosses meules qui font l'ouvrage avec une diligence étonnante. On conçoit aisément qu'il faut se conduire pour l'arrangement de toute la machine, suivant la quantité d'eau que l'on a à sa disposition ; quelquefois on est contraint de former des retenues, d'amener l'eau par des conduits en bois, enfin de profiter de la chûte, lorsqu'on le peut, pour faire agir la premiere & principale roue qui donne le mouvement à toute la machine.

Avec l'aide de cette machine qui fait tourner les meules, il n'est plus besoin que d'un ou de plusieurs Ouvriers pour présenter le morceau de fer ou d'acier sur les meules.

Les meules dont se servent les Aiguiseurs de Saint-Etienne sont d'un grès fin; on les tire de la Ricamarie, distant d'une demi-lieue de cette ville, route du Puy. Des gens qui taillent ces pierres en font commerce, & les vendent aux Couteliers. Elles ont cinq pieds trois ou quatre pouces de diametre, sur 7, 8 à 9 pouces d'épaisseur. Les Ouvriers qui tirent ces pierres de la carriere, & qui les taillent, les percent à leur centre, & y font une ouverture qu'on nomme *œil*, pour donner la facilité *de les monter* en les faisant traverser par un axe de fer qui les soutient (*). Elles coûtent 40 à 48 liv. piece, & sont à ce prix livrées à bon marché quand elles ne sont pas *tarées*, c'est-à-dire, *ébranlées* dans quelques-unes de leurs parties & *fêlées* ; on en tire aussi, mais qui sont d'un grain moins fin, du Coin, route de Monbrison.

On verra, lorsqu'on aura décrit la fabrique des différents ouvrages qui sortent de Saint-Etienne, quel parti on y tire de ces meules. Elles emportent, quand on veut, très-promptement le fer & avec beaucoup plus de facilité qu'on

(*) L'ouverture que l'on fait à la meule est ronde, & l'axe qui doit porter la meule est quarré; on le retient à la meule avec de petites calles de bois.

ne pourroit le faire avec les plus grosses limes difficiles à conduire (*).

Les Couteliers de Paris qui n'ont point ces meulieres ou grandes meules, en ont de petites dans leur boutique mues par une grande roue qu'un homme fait agir ; on peut comparer ces deux machines en lisant, *pag.* 47 dans l'Art du Coutelier ce qui y est dit sur les meules.

Nous décrirons seulement ici les moyens qu'on emploie à Saint-Etienne pour perfectionner, à l'aide de ces meules, les lames des Couteaux & Serpettes que nous avons vu forger.

On peut faire mouvoir les meules par des roues à *aubes* ou à *pots*, suivant la chûte & la quantité d'eau qu'on peut dépenser. A l'usine que j'ai principalement examinée, l'eau qui est amenée par la conduite *a*, *Pl. III*, fait mouvoir une roue à aubes *c*, lorsqu'on lève la vanne *b* : cette roue *c* peut être, ainsi que nous venons de le dire, à *augettes*, à *cuillers* ou à *pots* ; elle a environ 5, 6, 7 ou 9 pieds de diametre, parce qu'elle doit tourner avec vîtesse ; & son arbre, qni traverse le mur d'un bâtiment où sont les meules, imprime un pareil mouvement à une grande roue *d d*, qui est emportée par l'arbre de la roue *c*. Cette seconde roue *d* n'est point dentée ; mais sa circonférence est creusée de deux gouttieres *d d* : voyez le bas de la Planche où cette roue *A*, *B* est dessinée plus en grand. Ces deux rainures reçoivent chacune une corde de boyau qui, en se croisant, va se rouler sur la *bobine* ou *poulie* *n* ou *G*, *H*, dont l'axe est un arbre qui se prolonge plus ou moins dans l'attelier. Cet arbre porte aussi plus ou moins de poulies, suivant qu'on doit faire mouvoir une plus grande ou une moindre quantité de meules.

La seconde bobine *o* de cet arbre porte une corde qui va se rouler sur une autre poulie *p*, dont l'axe entraîne plusieurs meules *qq* : sur la troisieme poulie *r* est encore roulée une corde qui fait mouvoir un arbre avec une ou plusieurs meules *x*. Ce que nous avons dit de ce côté de l'attelier se répete à peu-près de l'autre, & toutes les meules reçoivent leur mouvement de la grande roue *d d* ; ainsi de l'autre côté la même roue *d d* fait mouvoir les bobines *f*, *k*, qui procurent le mouvement aux meules *g*, *h*, *i*, *l*, *m*. En partant de ce même systême, on varie la disposition des poulies & des meules, suivant les différentes circonstances. Par exemple, la corde qui entoure la grande roue *dd*, peut venir se rouler sur une poulie *f*, & de-là aller encore se rouler sur une seconde *k*, & l'on auroit pu ajouter encore des bobines au lieu des meules *l*, *m*, qui auroient pu faire mouvoir un troisieme rang de meules. Pour entendre plus aisément cette mé-

(*) Les Couteliers, Taillandiers, Arquebusiers & Fourbisseurs, emploient ces meules pour dresser & polir leurs ouvrages. On choisit ordinairement celles qui ont les plus grandes dimensions pour *aiguiser* ou *émoudre* les outils & instruments qui doivent rester plats, & qui sont les plus grands & les plus larges ; car plus la meule est grande, plus la partie sur laquelle l'outil porte peut être regardée comme formant une ligne droite.

Ces meules servent tantôt à dresser & forer les canons de fusil, tantôt à polir la plupart des ouvrages de Serrurerie & de Quincaillerie, comme les gonds, pentures, fiches, &c. les fers, à repasser le linge, à friser. Ces meules servent aussi à polir les lames d'épées & de sabres.

chanique, il faut jetter les yeux sur le bas de la Planche III : nous y avons fait graver sur une plus grande échelle la premiere bobine ou la roue principale *A B*, qui porte les deux cordes *C G*, & qui communique le mouvement aux autres bobines *E*, *D*, *H* par les cordes *FCG*; une de ces secondes bobines avec les rainures pour recevoir les cordes, est représentée en *P S*, & coupée dans son diametre en *Q R*.

Nous avons aussi représenté, dans le bas de cette Planche, plus en grand le mouvement de la petite meule de noyer, *Fig.* 3, de la vignette. En *I K*, *L M*, on voit l'assemblage de la meule *L M* avec l'arbre *IK*; & on conçoit aisément comment, par cet assemblage simple, on peut substituer une nouvelle meule à une autre usée. Les parties de l'arbre de la meule sont assemblées en *NO*.

La grande roue ou la premiere bobine *dd* vignette, (ou *A B*, dans le bas de la Planche), a environ 2 pieds & demi de diametre. Les secondes bobines *D* & *H*, au bas de la Planche, ou *fn* dans la vignette, ont environ 1 pied 3 pouces de diametre ; & les troisiemes *n pk*, dans la vignette, ou *E* au bas de la Planche, ont un peu moins de 10 pouces. Ce sont-là des à peu-près; car la dimension de ces pieces est sujette à beaucoup varier ; mais on voit aisément, qu'en suivant ce principe, les bobines servent, premiérement à accélérer le mouvement des meules, & ce dans le rapport du diametre de la roue *d d*, à celui de la bobine, en supposant, comme on le fait ici, que la corde qui embrasse l'une & l'autre soit croisée ; secondement, par le moyen de ces bobines, il est clair que l'on communique le mouvement à plusieurs arbres qui peuvent faire tourner chacun plusieurs meules.

Il y a des meules qui étant neuves ont, ainsi que nous l'avons dit, jusqu'à 5 pieds 3 ou 4 pouces de diametre, sur 7, 8 à 9 pouces d'épaisseur, & l'on s'en sert encore lorsqu'étant usées, elles n'ont plus que deux pieds de diametre ou deux pieds & demi.

Ces meules ont aussi le grain plus ou moins gros; les plus grossiéres servent pour ébaucher, les autres pour perfectionner. Il faut en avoir aussi de plus ou moins dures; les dures servent pour des ouvrages grossiers : on choisit les tendres pour les lames de Couteau.

On sait que les meules ou trop dures ou trop tendres auroient un défaut essentiel; trop dure, la meule n'auroit point de prise sur l'acier; trop tendre, la meule s'useroit la premiere.

On pratique à toutes un petit filet d'eau qui humecte continuellement la meule, pour tenir lieu de l'auge remplie d'eau, dans laquelle trempe la petite meule des Couteliers. Cette eau empêche que la piece que l'on aiguise, en s'échauffant par le frottement, ne se *détrempe*. On fait aussi couler un autre filet d'eau sur les axes des arbres tournants pour diminuer les frottements. Au-dessus des grandes meules, par exemple, en *i* & *x*, on place une longue

planche

planche qu'on nomme *chevalet*. Voy. les Figures premiere & seconde. Il est disposé de façon que l'Ouvrier étant couché dessus, puisse présenter sur la meule la lame qu'il veut *aiguiser* ou *émoudre*, & être en force pour l'appuyer sur cette meule. Les *Repasseurs* ou *Émouleurs* sont couchés sur le chevalet, sans avoir de coussinet, & sont éloignés d'environ 15 pouces de la meule sur laquelle ils aiguisent. La tête & leurs corps, jusqu'à la poitrine, débordent le chevalet sur lequel ils se soutiennent, & ayant ainsi les bras libres, ils suivent des yeux l'ouvrage & y conforment le mouvement de leurs mains (*).

Comme les lames de Couteau sont petites & minces, les Émouleurs sont obligés, pour les présenter sur la meule, de les tenir dans une espece de *pince* de bois *T*, dont je vais donner la description. Cette pince est formée de deux morceaux de bois attachés l'un contre l'autre par le milieu de leur longueur *T*, *X* ou *Y*, au moyen d'une broche rivée à tête à chaque bout, qui est reçue assez à l'aise dans les trous, pour permettre aux parties 4, 5 de se rapprocher quand on écarte les parties 6, 7, par le coin *V* poussé entre deux.

On place une lame *S* dans la pince au bout 4, 5; on met le coin *V* dans la pince entre les parties 6, 7; comme le coin déborde la pince, l'Émouleur serre fortement la lame en frappant la tête du coin sur une pierre qui est à portée de sa main; s'il veut ôter la lame de la pince, lorsqu'elle est finie ou lorsqu'il faut la retourner, il frappe de côté la tête du coin sur la même pierre; & ayant retiré le coin, la lame s'enleve aisément de la pince. Les Couteliers de Paris se servent aussi de cette pince pour retenir les lames de Couteaux qu'ils se proposent de repasser. Voyez l'*Art du Coutelier*, *pag.* 160; mais ils n'ont pas besoin, comme ceux de Saint-Etienne, du second ustensile dont nous allons parler.

La lame est ainsi retenue très-solidement; mais les meules de Saint-Etienne étant larges & d'un grand diametre, d'ailleurs ces meules tournant avec rapidité, les Ouvriers ne pourroient pas, sans courir de risque, appuyer sur la lame pour l'émoudre. Pour y parvenir sans danger, les Émouleurs ont à Saint-Etienne un autre morceau de bois *Z*, plat d'un côté, creusé en 1, 1, 2 assez pour recevoir la moitié de l'épaisseur de la pince, de sorte que la lame s'appuie sur la partie 1, 1 de ce morceau de bois, laquelle est plate & n'est point creusée. On conçoit qu'au moyen de ce morceau de bois, l'Émouleur peut appuyer des deux mains, & fortement la lame sur ces grandes meules sans risquer de se blesser.

En emportant ce que le Forgeron a laissé de trop, l'Émouleur forme la

(*) Soit qu'on fasse ou qu'on ne fasse pas croiser la corde, la vîtesse de la bobine (& par conséquent celle de la meule) est toujours à celle de la roue *d d*, comme le diametre de celle-ci est au diametre de la bobine; mais les motifs qui déterminent à croiser la corde, sont 1°. que par ce moyen elle embrasse de plus grands arcs sur la roue & sur la bobine, ce qui assure d'autant plus la communication du mouvement de l'une à l'autre, par un plus grand frottement de la corde sur leurs circonférences. 2°. Que par ce même moyen on fait tourner la meule dans un sens opposé à celui de la roue, ce qui permet à l'Aiguiseur de se placer au-delà de la meule, par rapport à la roue, comme on le voit (*Fig.* 1,) & non entre deux, comme il y seroit obligé, si la roue & la bobine tournoient du même sens; ce qui seroit gênant & sujet à inconvénients.

lame, en appuyant plus d'un côté que de l'autre, & en retournant la main, il fait le tranchant & le dos de la lame. Il change la lame plusieurs fois de côté pour en travailler successivement les deux surfaces; l'habitude que les Ouvriers ont contractée fait qu'ils exécutent très-promptement toutes ces opérations.

Les Couteaux de table ou à gaine s'aiguisent de même, avec la seule différence qu'on a formé dans les morceaux de bois ou poignées *Z*, une rainure pour recevoir la broche ou la soie de ces Couteaux; le reste de la pince n'offre aucune différence.

La pince est dessinée dans les proportions du porte-pince *Z*, en *u*, *x* & *t*, petites lettres; & pour rendre la pince plus visible dans toutes ses parties, on l'a dessinée plus en grand, en *T*, *X*, *Y*, grandes lettres.

Au sortir de la meule les lames ont pris la forme qu'elles doivent avoir; elles sont d'une épaisseur convenable, le tranchant est bien formé; elles passent pour lors à d'autres Ouvriers pour les polir.

Les meules à polir, *Fig.* 3, ou les *polissoires* sont de bois de noyer, dont le diametre est beaucoup plus petit, & l'épaisseur de la meule beaucoup moindre que celle de grès. Celui qui polit est assis devant la meule; il commence par effacer ou emporter les traits qu'a fait sur la lame la meule de grès, avec de l'émeri bien broyé & délayé avec un peu d'huile. On en fait une pâte, & on en met un peu sur la lame; on dégraisse la lame en la passant sur la meule, avec de la poudre de charbon de bois blanc. On se sert aussi pour polir de *mouline* ou d'écailles de fer ou d'acier prises à la forge. Nous avons représenté au bas de la Planche troisieme en *IK*, *LM*, *NO*, l'arrangement de cette meule destinée à polir, & la méchanique de son mouvement; nous en avons déja expliqué toutes les parties, & l'on a vu qu'il est fort aisé de changer de meule lorsqu'on le desire, & d'en substituer une autre à celle-ci. L'Ouvrier donne le dernier lustre ou poli avec la pierre *ponce*, ou mieux encore avec de la potée d'étain, si c'est un Couteau au-dessus du prix des plus communs. Il balance la lame sur la meule pour rendre les deux surfaces un peu convexes. Voyez l'*Art du Coutelier*, *page* 113 & suivantes.

Ordinairement les meulieres appartiennent aux Fabriquants, ils entretiennent tout ce qui en dépend; & pour le travail qui se fait dans cet attelier, ils donnent aux Émouleurs depuis 6, 9 jusqu'à 18 à 20 sols de la grosse pour les Couteaux communs, quelque chose de plus pour ceux qui sont travaillés avec un peu plus de soin; & pour les Couteaux de table ou à gaine, ils donnent jusqu'à 8 ou 10 sols de la douzaine.

Les lames étant ainsi travaillées & polies, on les porte à la fabrique pour leur mettre des manches, les *monter*.

Nous venons de voir l'utilité de ces meules, & avec quelle promptitude elles finissent l'ouvrage, étant mues rapidement par l'eau. Les meules qui ont un gros grain emportent de grosses parties de fer, & suivant qu'on les choisit plus ou moins rudes, elles donnent aux ouvrages différents degrés de perfection ; mais malheureusement elles ont un inconvénient. La position des Émouleurs couchés à peu de distance & dessus leurs meules, les expose à être estropiés ou même à perdre la vie. Il se trouve dans les meules des fentes imperceptibles, ou comme disent les Ouvriers, des *fils* ; & comme ces grosses masses tournent avec rapidité, la force centrifuge est assez considérable pour détacher des morceaux de ces pierres qui s'écartent par la tangente avec tant de force, qu'ils brisent & renversent tout ce qu'ils rencontrent. L'Émouleur ou l'Émouleuse, (car les femmes sont aussi ce métier), est par sa position plus exposé aux dangers de cet inconvénient qui renverse le chevalet, le casse & le brise, blesse la personne qui *émout*, & plus souvent encore l'écrase & le tue, sans qu'on ait trouvé de vrais moyens de la mettre à l'abri de ces malheurs trop fréquents, puisqu'il n'y a presque pas d'années qu'il ne périsse ainsi quelques Aiguiseurs. Les meules qui sont sujettes à produire cet événement funeste, ont eu probablement leurs parties ébranlées en les taillant dans la carriere ; elles y ont été fêlées, sans que le commencement de cassure ait été assez apparent pour que l'on ait pu le reconnoître. Voyez pag. 18 de cette description.

Quelquefois la meule se sépare à l'endroit de l'ouverture que l'on y a pratiquée pour recevoir l'axe de fer qui la soutient ; mais le plus souvent les éclats ne gagnent point le centre de la meule, & il s'en détache seulement des portions ou fragments considérables. Une meule neuve, la plus ronde & la mieux taillée y est exposée plus qu'une vieille, même celle dont quelques endroits plus tendres que d'autres, se seroient creusés, & l'auroit rendue plus difforme & moins ronde ; d'ailleurs quand on sait que le moindre ébranlement dans le grès ou la moindre fêlure, qui n'est point apparente, donne lieu ensuite à une séparation, on attribuera l'éclat des meules, quand on s'en sert, a un ébranlement dans la pierre, & à une premiere désunion produite par la nature ou par l'Ouvrier qui l'a taillée.

Ces accidents sont fréquents, même aux petites meules des Couteliers en ouvrages recherchés, qu'un homme meut pendant que le Coutelier repasse. La différence dans les diametres des meules dont on se sert à Saint-Etienne, avec les meules de nos Couteliers, doit aussi multiplier dans cette ville les effets malheureux en raison de la grandeur dans les meules qui leur donnent lieu. L'Académie auroit désiré, d'après les récits qui lui ont été faits de ces événements tristes & multipliés, pouvoir par quelques moyens les prévenir & en garantir des hommes toujours précieux à un État, & dont on doit regretter la perte. Voyez le volume de cette Compagnie, année 1762, Hist. pag. 37.

Un de ses Membres qui, en 1762, a été témoin à Strasbourg d'un accident semblable, » propose de choisir des meules plus épaisses, & d'y ménager, de » part & d'autre, deux retraites d'un moindre diametre, sur chacune desquelles

» on feroit entrer une frette de fer qui pourroit se serrer avec des coins ou avec » des vis. Ces frettes plus basses que la circonférence de la meule, n'empê» cheroient pas son usage, & elles mettroient les Couteliers à l'abri d'un acci» dent toujours dangereux, & quelquefois funeste ».

Je n'ai point voulu laisser ignorer au Public ce moyen, les Couteliers de Paris pouvant en faire usage: mais je ne puis dissimuler ici qu'il ne peut remédier qu'imparfaitement aux défauts des meules de Saint-Etienne, & ne peuvent prévenir les accidents qu'elles occasionnent, qu'en employant beaucoup de soin. Il ne feroit peut-être pas aisé d'assujettir cette frette de fer, qui ne peut avoir que peu de largeur, sur une grande meule de grès de 7, 8, à 9 pouces d'épaisseur; d'ailleurs, la différence d'une meule neuve qui a environ 7 pieds, avec une usée d'environ 3 pieds, exigeroit un certain nombre de frettes de différent diametre, en baissant les retraites. Si l'on mettoit à une meule neuve les frettes sur des retraites, à un pied ou deux de son centre, on ne préviendroit pas les risques des fragments qui se détacheroient de la meule, & qui produiroient les mêmes maux. Si ces frettes étoient plus aisées à placer sur une aussi grande meule, je conseillerois de n'en mettre qu'aux meules neuves, dans les premiers temps qu'on s'en sert; car ce sont celles-là qui éclatent & qui font d'autant plus de mal, qu'étant neuves elles ont un diametre plus considérable & tournent avec plus de vîtesse. Cette vîtesse produite par l'arrangement de toute la machine, est nécessaire pour agir avec promptitude sur la lame qu'on leur présente.

Comme les meules neuves sont plus sujettes à ces événements, sans que l'on puisse absolument croire que la résistance de la lame que l'on aiguise y donne lieu; je suis surpris, (ayant encore à Saint-Etienne à leur disposition l'eau qui est le moteur de ces meules), que les Entrepreneurs ne les fassent pas tourner plusieurs jours avant qu'on s'en serve, & toutes les nuits quand il n'y a personne dans l'usine; ne sembleroit-il pas que si la meule venoit à se rompre, on ne seroit pas exposé à en ressentir les effets, & qu'ayant tourné ainsi pendant quelque temps, on pourroit plutôt répondre qu'elle ne se romproit pas ensuite lorsqu'on s'en serviroit pour émoudre.

CHAPITRE

CHAPITRE SECOND.

Du Travail des Manches.

De tous les Ouvrages qui ſortent des mains des Couteliers de Saint-Étienne, le travail des Manches eſt ſans contredit le plus induſtrieux, & celui qui a exigé le plus d'invention; l'on peut remarquer que l'on trouve ordinairement des traits de génie dans les Arts qui fabriquent les uſtenſiles communs, & qu'on livre à un plus bas prix. C'eſt pour lors qu'il faut avoir recours aux inventions ſimples, pour épargner la main-d'œuvre & ſuppléer (ſouvent par des machines) à ce que feroient des hommes en y employant beaucoup de force & de temps.

A Paris, les Couteliers finiſſent leurs manches de Couteaux ſur l'étau, en y employant différents outils & y mettant beaucoup de temps. *Voy. l'Art du Coutelier, Chap. IX & X, pag. 77 & ſuivantes.* (Et c'eſt, dans cette même ville, un inconvénient qui s'oppoſe à la perfection des ouvrages qui ſortent des grandes boutiques). Un Ouvrier qui a fait la lame, monte le Couteau & le conduit au point de perfection où il doit être pour le vendre; au contraire à Saint-Etienne chaque Ouvrier ne fait qu'une ſeule opération dans un Ouvrage, comme nous l'avons dit précédemment.

A Saint-Etienne, un Ouvrier commence & ébauche les manches, tandis qu'un autre emploie un *moule* pour lui donner ſa forme; & c'eſt ainſi que le Couteau paſſe par bien des mains avant d'être en état d'entrer en vente.

Nous avons averti que les Couteaux qui ſe fabriquoient à Saint-Etienne n'étoient pas tous du même prix; que ce prix différoit ſuivant la matiere plus ou moins chere qu'on a employée pour former les manches, & ſuivant les attentions qu'on a ajoutées à quelques-uns, & quel'on a refuſées aux autres. Entrons dans des détails.

Entre les Couteaux dont la lame ſe replie dans le manche, ceux qui ſe livrent à meilleur marché ſont les Couteaux à manche de bois; il y en a auſſi à manche de corne, mais ils ſont plus chers. Commençons à parler du travail des manches de bois; il nous reſtera peu de choſe à ajouter, en décrivant les moyens qu'on emploie pour faire les manches avec d'autres matieres moins communes.

On fait ordinairement les manches de ces Couteaux communs de bois de hêtre, quelquefois de bois de buis. On emploie encore d'autres bois, mais plus rarement.

Le bois de hêtre eſt préféré à tout autre, parce qu'il n'eſt pas cher, qu'il ſe fend aiſément, qu'il prend un aſſez beau poli, & ſuffiſant pour la perfection qu'on veut qu'ayent les manches; enfin le moule dont on ſe ſert pour les former, leur donne déja une couleur assez agréable, que l'on releve quelquefois encore par une seconde opération, comme nous le dirons dans la suite.

Lorsque l'on emploie du bois de hêtre, pour former les manches de Couteaux, on commence par couper la buche en *rondelles*, ordinairement de sept pouces de long, plus ou moins suivant l'espece de Couteau qu'on travaille, *Fig.* 1 & *Fig.* 8 de la Planche IV ; on refend ce billot en plusieurs chevilles, en suivant toujours le sens des fibres du bois. On ne prend pas de grandes précautions pour exécuter ce travail. On pose la bille de bois sur un billot, & on la divise en plusieurs parties avec une hache qu'il seroit inutile de décrire ici. Elle est assez forte pour résister à l'effort qu'on en exige, *Fig.* 1 ou 8 ; on partage cette bille de bois en plusieurs parties, la divisant de la circonférence au centre. Le milieu de l'arbre, la partie qui se trouve au centre, est rejettée comme inutile. On sait que dans le hêtre, la partie immédiatement placée sous l'écorce est la meilleure, & celle que l'on travaille plus aisément. On donne à ces parties de bois partagées un pouce ou un pouce & demi d'épaisseur, on les nomme *chevilles* 10 & 11, qui sont en plus grand ou en moindre nombre, & qui ont aussi plus ou moins de longueur, suivant que la grosseur de l'arbre le permet, & suivant l'espèce de manche qu'on doit en tirer.

Un Ouvrier, *Fig.* 2, prend les chevilles : il en met une sur un billot, & avec sa hache il en abbat les angles, & commence à lui donner la figure du manche qu'elle doit former. Il laisse plus ou moins à travailler au troisieme Ouvrier que nous allons voir en ouvrage.

Ces Ouvriers sont ordinairement les uns proche des autres, pour qu'ils puissent aisément se faire passer les chevilles.

Celui-ci, *Fig.* 3 ou *Fig.* 12, est sur un *banc à parer.* Le banc à parer est un chevalet, *Fig.* 12 & 14, soutenu d'un côté sur un pied, & de l'autre extrémité sur deux autres : il est horisontal. Sur une extrémité de la table, qui en fait la base, on a ajusté une petite planche perpendiculaire au banc, ou un tasseau *a*, attaché sur l'épaisseur ou le champ du banc, & sur son côté gauche, par rapport à la position de l'Ouvrier qui doit s'en servir.

Il y a une ouverture faite à cette planche ; elle est destinée à retenir l'extrémité d'une *Plane*, *Fig.* 13, qui, par sa position, traverse la largeur du banc, & qui peut se mouvoir librement, cette extrémité étant toujours retenue dans cette ouverture.

L'Ouvrier, *Fig.* 3, est jambe deçà & jambe delà sur ce banc, & conduit la plane en la tenant par l'autre extrémité que l'on a garnie d'une poignée pour la rendre plus commode à manier.

L'Ouvrier conduit cette plane, comme on voit, d'une seule main, & de l'autre il tient la cheville qu'il présente du côté convenable pour la tailler. Il ébauche ainsi le manche avec cet outil auquel l'Ouvrier donne tel mouvement qu'il lui plaît ; & lorsqu'il le conduit avec adresse, en peu de temps son manche eſt ébauché : il lui a donné une forme qui approche beaucoup de celle qu'il doit avoir avant de le mettre en moule ; cependant on porte les chevilles ébauchées à un autre Ouvrier, *Fig.* 4, qui eſt devant un étau, *Fig.* 15, retenu ſur une table à la hauteur convenable, pour que l'Ouvrier qui s'en ſert travaille debout. Dans cet étau l'Ouvrier met une *mordache*, *Fig.* 16 ; on a donné ce nom à une pince de bois dans laquelle on poſe le manche qu'on veut tailler. Cette mordache eſt formée d'une piece de bois mince, partagée ſuivant ſa longueur. Pour empêcher la mordache de ſe joindre dans toute ſa longueur, on met entre les deux parties déſunies en *a*, le petit morceau de bois *b* ; & lorſque la piece que l'on veut maintenir à l'aide de la mordache, eſt entre les deux branches *c*, on les ſerre par l'étau de fer, *Fig.* 15 : ainſi la mordache ſert ſeulement à maintenir le manche ſans le gâter, & ſans qu'il reſte des impreſſions ſur le bois, comme en feroit l'étau de fer.

Le manche étant retenu dans cette ſerre par le moyen de l'étau de fer, l'Ouvrier acheve le manche avec pluſieurs *écouenes*. L'écouene eſt une eſpece de rape, *Fig.* 23, *Pl. VII*, dont les ſtries tranchantes traverſent la largeur de l'outil. Il y en a qui ont leur lame garnie de dents plus ou moins fortes, & qui ſont plus ou moins larges. L'Ouvrier emploie l'une ou l'autre de ces écouenes, ſuivant que l'ouvrage eſt plus près ou plus éloigné de ſa perfection. Au reſte, pluſieurs eſpeces d'Ouvriers ſe ſervent des écouenes. Voyez l'*Art du Coutelier*.

L'Ouvrier perfectionne ſon manche avec cet outil, & lui donne une forme qui approche beaucoup de celle qu'il doit prendre dans le moule. Il ne faut pas qu'il laiſſe trop de bois, le moule ne pourroit pas le faire prêter aſſez pour ôter cet excédent, s'il ſe trouvoit trop conſidérable ; il convient cependant que le manche ſoit plus gros qu'il ne le faudroit pour entrer aiſément dans le moule, afin qu'il emprunte la forme du moule, & qu'il ſe prête dans toutes ſes parties pour en prendre exactement l'empreinte. L'habitude lui apprend à en approcher de très-près, ſans avoir rien devant les yeux qui puiſſe lui indiquer ce qu'il doit faire.

Si un ſeul Ouvrier conduit l'ouvrage depuis la premiere opération, celle de ſéparer les chevilles & les tirer de la bille de bois juſqu'à cette derniere que nous venons de décrire, il peut faire deux groſſes par jour : on lui donne huit ſols de la groſſe ; ainſi il gagne ſeize ſols dans ſa journée.

On porte les manches ainſi travaillés à un autre endroit chez le Fabriquant, pour leur donner la derniere façon qu'ils reçoivent d'une preſſe & d'un moule, ainſi que nous allons l'expliquer.

Article Premier.

Des moyens de mouler les Manches.

Il feroit trop long de donner la derniere forme aux manches de Couteaux, en ne fe fervant que des feuls outils dont nous venons de parler. On préfere un moyen moins coûteux, & qui, étant plus expéditif, réduit leur fabrique à une moindre valeur, & s'accorde mieux au prix modique auquel il faut livrer ces Couteaux. On a imaginé des moules & des preffes qui répondent parfaitement à ces vues d'œconomie. Par cette invention très-ingénieufe, on réuffit en peu de tems à donner la derniere main aux manches dont il s'agit. Voyez *Planche V.*

Le moule dont on fe fert confifte en deux plaques de fer, *Fig.* 1, 2, au bas de la planche, creufées de façon à donner la forme à deux manches à la fois. Dans l'intérieur de chacun des creux, & fur une feule de ces plaques, on grave fouvent en creux le nom du Fabriquant. Le nom doit par conféquent fe trouver répété en relief fur un des côtés du manche qui a porté dans le même côté du moule.

Au milieu d'une de ces plaques, à deux diftances différentes, l'une plus près & l'autre plus éloignée de la partie qui fert de manche au moule, il y a deux petites éminences *a a*, hautes d'un pouce environ, & précifément de l'épaiffeur de l'autre plaque du moule; elles font deftinées à entrer dans deux ouvertures faites à l'aute plaque *b b* qui doivent les recevoir, & qui font faites auffi de maniere à recevoir ces deux éminences; elles affujettiffent & fixent la pofition réciproque des deux plaques, *Fig.* 1 & 2, qui forment par leur réunion le moule entier.

Les deux parties *c* & *c* des plaques fervent de *poignées* ou de *manches* au moule; elles fe trouvent l'une fur l'autre quand les plaques y font auffi, & que le moule contient les manches pour leur donner la forme qui leur convient.

Il feroit inutile de dire qu'un Fabriquant doit avoir des moules de différentes grandeurs, pour pouvoir mouler des manches pour de petits Couteaux, & pour d'autres beaucoup plus grands; mais les plaques de tous les moules font de la même largeur, pour pouvoir entrer fous les mêmes preffes.

Quelques-uns de ces moules font plus façonnés. Certains portent des filets qui ajoutent un petit ornement aux manches qu'ils font deftinés à former. Rarement ajoute-t-on cette petite perfection aux moules deftinés à mouler des manches de bois; premiérement, parce que le bois eft moins fufceptible de fe prêter à cette perfection; fecondement, parce que ces manches étant ceux que l'on donne à meilleur marché, il faut éviter ce qui pourroit exiger plus d'attention

tention pour bien placer le bois dans le moule, qui peut être comparé à une espece de cachet qui doit imprimer les ornements dont nous venons de parler.

Les moules se font à Saint-Etienne ; c'est un ouvrage de forge : ils coûtent 8, 9, 10 & 12 livres ; ces différents prix sont réglés suivant la perfection qu'on leur donne.

Passons maintenant à la description des *Presses* destinées à recevoir les moules garnis des manches.

Les presses nécessaires pour serrer les moules se faisoient autrefois à Saint-Etienne ; mais on prétend qu'on seroit embarrassé pour s'en procurer de nouvelles, si on vouloit augmenter le nombre de celles qui s'y trouvent aujourd'hui. Une presse pese 250 à 300 livres.

La presse *Fig. 6 & 7*, consiste en deux montants de fer *h h*, de quatre pouces de largeur sur tous les côtés ; l'extrémité inférieure de chacun de ces montants traverse une table de bois fort épaisse, & est retenue en dessous de cette tablette par un coin *a*, que l'on fait entrer dans une mortaise *i i*, pratiquée à l'extrémité de chacun des montants. Voyez *Fig. 6 & 7*, ou *Fig.* 12 & 13. Les coins *a a*, qui portent le long du dessous de la table, maintiennent solidement toute la presse sur la table.

Les deux montants dont nous parlons sont réunis l'un à l'autre par une traverse *b* qui porte sur le dessus de la table, & qui sert à les joindre. Il y a encore une traverse supérieure *c*, que l'on nomme la *boîte* ; celle-ci porte un *écrou* qui reçoit une vis qui traverse la boîte ; entre la premiere traverse *b* & la seconde traverse *c*, il y a une platine mobile *d*.

Lorsque l'on tourne la vis qui traverse l'écrou, elle appuie sur la *platine d*, & l'oblige de descendre jusques sur la traverse inférieure *b*. Quand on desserre la vis, cette platine remonte d'elle-même, parce qu'elle porte un levier *e*, *Fig. 7*, ou *Fig. 8*, soutenu par un axe qui le traverse, & qu'à l'extrémité de de ce levier il y a un poids *f* assez fort pour l'obliger de faire la bascule & de remonter la platine *d* à mesure qu'on desserre la vis.

Ceci est fait à dessein seulement d'éviter le soin à l'Ouvrier de soulever la platine *d* chaque fois qu'il desserre la vis, & qu'il veut mettre un moule sous la platine.

Voyons comment on fait usage du moule & de la presse. Il s'agit toujours de la façon de mouler les manches de bois ; nous indiquerons ensuite les petites différences qui se rencontrent dans le même travail fait avec la corne.

On fait chauffer le moule à un feu de forge, excité par un soufflet mû à bras. L'Ouvrier, *Fig.* 11, a soin de le retourner sur le feu afin que les plaques s'échauffent également ; le moule est pour lors fermé.

L'Ouvrier reconnoît le degré de chaleur qu'il convient de donner au moule, à la sensation qu'il excite sur la joue, lorsqu'il l'en approche à une certaine diſtance. Il ne faut pas qu'en étant éloigné de quatre à cinq pouces, il en occaſionne une qui le brûle. Quand il l'a laiſſé trop de temps au feu, il faut en perdre encore à le laiſſer refroidir.

Avant de poſer dans le moule le bois, *Fig.* 4 & 5, qui doit y prendre ſa forme, on frotte l'intérieur du moule avec un peu d'huile d'olive dont on imbibe un morceau de linge.

Lorſqu'on a preſſé pluſieurs manches de bois, le moule eſt ſujet à garder du *cambouis*, ou plutôt une eſpece de *graiſſe* noire qui s'y attache. On a une broche de bois, & pour la détacher, on frotte chaque partie du moule avec des écailles d'acier ou de fer qui s'élevent en les forgeant; on pile ces écailles que l'on nomme de la *mouline*, & avec leurs ſecours on les repolit aiſément.

Les cendres de charbon tirées de la forge réuſſiſſent très-bien, & on ſe doute bien qu'il n'eſt pas difficile de s'en procurer pour cet uſage qui n'en conſomme pas beaucoup. On prend un chiffon *G* que l'on mouille aſſez pour qu'il ſe ſaiſiſſe d'une certaine quantité de cette poudre *E* qui s'y attache, & l'on en frotte chaque partie du moule.

On poſe dans chaque creux les manches de bois, & on les met *Fig.* 1, ſur la partie du moule qui porte les deux petites éminences dont nous avons parlé en décrivant le moule. On les place le plus droit qu'il eſt poſſible, ayant attention de les poſer ſuivant la forme que l'on a donnée à ces manches, qui doit approcher de celle du moule.

Deſſus cette premiere piece du moule, on ajuſte la ſeconde de façon que les deux petites hauſſes ou éminences entrent dans les deux ouvertures faites à la contre-partie du moule: nous avons dit qu'elles devoient ſervir de repaire & aider à bien placer l'autre portion du moule. Les deux parties du moule ne ſe touchent pas; l'épaiſſeur des manches que l'on a placés dans les creux ne le leur permet pas. On poſe le moule ainſi garni ſous la preſſe, *Fig.* 12 & 13.

On deſſerre la vis. Nous avons dit que la platine *d* remontoit ſous cette vis à meſure qu'on la deſſerroit, & qu'elle laiſſoit poſer par conſéquent le moule ſur la traverſe *b* qui joint les deux montants de la preſſe, & qui porte ſur la table. L'Ouvrier en ſerrant la vis oblige pour lors la platine à deſcendre, & elle appuie ſur le moule.

L'Ouvrier, *Fig.* 12, ſerre les deux parties du moule en ſe ſervant premiérement d'une main, *Fig.* 9, ou manivelle de fer, qu'on appelle la *manette*. L'extrémité de cette manivelle, qui eſt aſſez forte pour ne pas prêter ou caſſer par l'effort qu'on lui fait ſupporter, eſt contournée vers cet endroit *k*. Quand la force des bras ne peut plus la faire mouvoir, on l'augmente & on la multiplie à l'aide d'un levier, qui a d'autant plus de force, qu'il eſt plus long, *Fig.* 10; celui que l'on emploie ordinairement a quatre pieds de long. On le fait entrer dans cette partie recourbée *k* de la manette, & on fait porter ſon extrémité le long de la tête de la vis. L'Ouvrier, *Fig.* 13, ſerre de nouveau la preſſe, & laiſſe le moule ainſi quelque temps ; pour n'en point perdre, il emploie le moment de relâche à faire chauffer un autre moule, & poſe auſſi ſous la preſſe celui qui a été à la forge pendant ces dernieres opérations. On fait chauffer ainſi trois fois le même moule, & on examine chaque fois ſi le manche a été bien placé. Ce n'eſt qu'à la derniere qu'on le retire comme fini, *Fig.* 3.

Le manche prend dans ce moule un poli qu'il ſeroit difficile de lui donner avec des outils, & que l'on ne pourroit obtenir qu'avec bien du travail. Quand on examine un manche ſorti du moule, il eſt aiſé de ſe convaincre que le bois s'y eſt attendri, puiſque les parties comprimées qui étoient de trop pour remplir le moule, ſe ſont portées vers les endroits entre les deux platines du moule où il reſtoit quelques intervalles, & que le bois ſurabondant s'eſt étendu entre les deux plaques du moule, & y a formé des eſpeces de *bavures*, que les Ouvriers connoiſſent auſſi ſous ce nom, ou ſous celui de *côtes*.

Il faut que le moule ſoit très-chaud pour produire cet effet, pas aſſez cependant, comme nous en avons averti, pour brûler le bois ; mais le temps que l'on y laiſſe les manches à différentes fois, & le violent effort de la preſſe, contribuent, ſans contredit, à attendrir le bois. Il ſe fait ici un amolliſſement pareil à peu-près, à celui que la marmite de Papin fait éprouver aux os.

Les manches, *Fig.* 3 & 5, ſortent brûlants du moule. Cependant les Ouvriers ſouvent ne ſe ſervent que de leurs mains nues pour les en retirer ; la peau en eſt aſſez endurcie pour ne ſe point appercevoir de cette exceſſive chaleur.

Le travail de ceux qui moulent & qui conduiſent la preſſe, eſt très-rude. Cependant les Ouvriers que l'on paie à la groſſe, quand ils ſont forts & vigoureux, & quand ils travaillent aſſiduement, ne peuvent gagner au plus que 20 à 24 ſols par jour, en les payant, comme c'eſt la coutume, à raiſon de 8, 10 ou 12 ſols la groſſe. Un Ouvrier en moule deux groſſes & quelquefois plus.

Le Fabriquant doit avoir des moules de différentes formes. Par exemple, les manches des Couteaux à deux clous ſont ordinairement plus longs & plus droits que ceux des Couteaux à un clou. Mais en indiquant les moyens de mouler les manches des uns, nous avons enſeigné ceux dont on ſe ſert pour mouler les autres. Voici les différences qui ſe rencontrent dans le travail des manches de corne.

Article Second.

Comment l'on façonne & l'on moule les Manches de corne.

On fait ces Manches en employant l'*ergot* de la Vache, du Bœuf, la corne de la tête de ces animaux, ou, quand on veut faire un ouvrage plus recherché, on prend des *cornes* de Bélier; c'est de toutes les cornes la plus chere, & celle qui fait un plus bel ouvrage en manches de Couteau, principalement à ceux de cuisine, tranche-lards de Bouchers, &c; on leur reproche seulement de se déjetter à la chaleur; on s'en sert aussi pour faire des châsses communes de Rasoirs.

On conçoit aisément qu'il faut réduire l'une ou l'autre de ces cornes en morceaux propres à former les manches de Couteau, en ménageant le plus qu'il est possible la corne que l'on emploie. Je ne parlerai ici que des manches faits avec la corne des tête de Bélier, & avec celle de la tête des Bœufs, sans traiter des moyens employés dans le travail des manches faits avec les ergots de ces animaux, parce que l'on pourra aisément faire l'application de ce que nous aurons dit sur le travail des cornes de la tête de ces animaux à celui de toutes les autres cornes; encore parce que les seules différences ne consistent que dans la façon de tailler ces cornes & de les ouvrir, & que j'espere traiter au long ce travail, en décrivant l'Art du Tabletier, dans l'emploi qu'il fait de la corne & de l'écaille.

Décrivons premiérement le travail de la corne des têtes de Bélier, nous aurons dit les façons d'employer presque toutes les autres, à quelques petites variétés près dans les premieres opérations. Voyez *Pl. VI.*

On tire les belles cornes de Béliers des côtes de Barbarie, par la voie de Marseille. On m'a assuré qu'on employoit à Saint-Etienne pour plus de 50 mille livres de corne, tant de Bœuf ou de Vache, Bélier & ergots: les cornes de Bœufs valent jusqu'à 15 livres le quintal, la Vache moins, & l'ergot encore moins; mais celles de Béliers sont les plus cheres, & principalement encore les cornes noires. Les cornes de Bœufs sont moins belles; mais aussi étant plus dures, elles se déjettent un peu moins facilement que celles de Béliers. Les cornes de Bœufs se tirent de Lyon (*).

La corne de Bélier de Barbarie est beaucoup plus longue & plus grosse que celle

(*) Les Couteliers de Saint-Etienne vendent annuellement pour plus de 12 mille livres de rognures ou rapures de cornes; celle de Bélier se vendent jusqu'à 6 livres le quintal; celle de Bœuf ou ergot près de 5 livres. On se sert de ces rognures, que l'on appelle *cornaille*, pour fumer les vignes du Lyonnois, le bled, chanvre, &c. & c'est un des meilleurs fumiers ou engrais que l'on puisse trouver. Nous ajoutons encore ici qu'à S. Etienne on emploie beaucoup de cendre de charbon de terre pour fumer les terres, qui réussit très-bien pour les bleds & les prairies, sur-tout mêlées avec le fumier de cheval ou de bœuf; ce qui peut diminuer le prix de l'engrais produit par les rognures de cornes, puisque ce pays en a de plus d'une espece.

celle des Béliers de nos pays; elle forme aussi plus de révolutions, & est plus contournée, *Fig.* 5 & 6. Il s'agit de redresser l'une ou l'autre de ces cornes, & de la mettre en état de recevoir la forme qu'on lui donnera dans le moule. Nous ne traiterons pas du choix des cornes, & nous renvoyons à ce qui en a été dit dans l'Art du Coutelier, *pag.* 17.

L'Ouvrier qui taille la corne de la tête du Bélier ou qui la *découpe*, & qu'on nomme par cette raison le *Découpeur*, est placé devant une forge dont il allume le feu avec un soufflet à deux vents, qu'il fait mouvoir lui-même, *Pl. VI*, *Fig.* 2. Il pose la corne sur les charbons de la forge; il la laisse quelque temps, & la retourne pour que le feu agisse sur toutes les parties de la corne également. Il juge de cet état & de celui qui lui convient, par le degré de mollesse qu'acquiert la corne suffisamment chauffée, & par le son que ces morceaux rendent en les frappant, sur une pierre, qui est placée à ce dessein sur le devant de la forge. Il fait toujours agir son soufflet; car c'est une partie essentielle que de savoir bien chauffer la corne que l'on destine à former des manches; la superficie de la corne se brûle & même s'enflamme, les graisses se fondent, la corne s'attendrit par cette seule opération, & devient souple & aisée à travailler. Elle se prête pour lors à prendre la forme à laquelle on veut qu'elle se soumette.

L'Ouvrier retire la corne toute enflammée lorsqu'il la juge assez chauffée, *Fig.* 1. Il la prend avec la main nue; sa peau est devenue, par l'usage qu'il en fait, peu différente, pour la dureté, de la corne qu'il travaille; ainsi la chaleur de cette corne enflammée fait peu d'effet sur elle. Il pose la corne dans un étau de fer, *Fig.* 1 & 3, peu éloigné de sa forge, étant fermement attaché à un pilier de bois qui s'éleve perpendiculairement, & dont le haut est retenu à une poutre ou passé entre deux solives. Il serre l'étau, & retient cette corne dans l'étau devant lequel il est debout. Il coupe la corne en plusieurs parties & en plus grand nombre, quand la corne est grande; en moindre, quand elle est petite; mais il faut que chaque partie soit de la longueur d'un manche; il les rejette ensuite sur le feu de la forge.

Il coupe de même une seconde corne, puis il travaille les parties de la premiere corne qu'il a coupée. Il met dans l'étau une partie de cette corne, de façon que la pression des mâchoires de l'étau commence à dresser ce morceau; il enleve avec une espece de couteau, *Fig.* 4, à long manche, fait à peu-près comme un tranchet de Cordonnier, les parties trop brûlées qui sont inutiles; il fend le morceau suivant sa longueur; il ôte un peu de son épaisseur sur les bords de la fente; il le plie dans l'étau, dans le sens de la longueur du morceau de corne; il l'ôte de l'étau, le redresse dans ses mains, il le trempe dans l'eau, & il le remet tout de suite dans l'étau pour lui faire conserver cette nouvelle forme, en l'y tenant serré pendant quelque temps dans la position où ses mains l'ont mis. L'Ouvrier le place dans l'étau, comme on le devine aiſément, dans un ſens oppoſé à la courbure que la corne avoit naturellement, puiſqu'il ſe propoſe de la lui faire perdre.

Il coupe les extrémités de la corne, celles qui débordent les deux parties de l'étau, parce que les dimenſions de l'étau ſont celles qui doivent ſervir de regle à la longueur de la corne, celle de l'étau étant relative à celle du manche que la corne doit former. Cet étau doit avoir des mâchoires de 5, 6 ou 8 pouces de longueur; ces dimenſions étant celles des plus longs manches de Couteaux communs.

Enfin, il remet la corne, qu'il a pliée de façon qu'elle ne forme plus qu'une épaiſſeur, & il finit par enlever une lame entre les deux côtés qui ſe joignent, depuis qu'il les a pliées & ſerrées l'une contre l'autre.

On ſait que la corne, par la chaleur, devient ſouple; que non-ſeulement elle ſe moule aiſément, mais que deux morceaux appliqués l'un ſur l'autre & fermement preſſés, ſe ſoudent au point de ne plus faire qu'un ſeul morceau & de ne plus permettre qu'ils ſe ſéparent.

L'Ouvrier jette cette corne, ou ce manche ébauché, dans un vaſe qui eſt ordinairement une marmite *B* pleine d'eau, poſée proche l'établi où il travaille, & ce n'eſt plus qu'une répétition de ce même travail ſur tous les morceaux de corne qu'il doit ſucceſſivement diſpoſer pour en faire des manches de Couteau. La corne reſte ainſi dans l'eau pendant quelque temps.

On imagine aiſément que ce travail, ainſi que tous ceux qui ſe font ſur les cornes brûlées, ne communique pas à l'endroit où il ſe fait une odeur agréable; mais c'eſt ce à quoi l'Ouvrier prête le moins d'attention: on deſtine ordinairement une chambre à ce premier travail.

La corne ainſi dégroſſie n'a pas plus la forme du manche qu'elle doit faire, que ne l'avoit la cheville de bois de hêtre quand on l'a coupée du billot dont elle faiſoit partie. On porte la corne, quand elle eſt ſeche, à un autre Ouvrier chargé de l'*ébaucher*.

Nous avons dit que l'on faiſoit auſſi des manches de Couteaux avec la corne de la tête des Bœufs, Vaches, &c. Nous n'entrerons que dans les détails qui différencient ce travail de celui des cornes de Bélier.

Nous avons déja prévenu que cette eſpece de corne étoit plus dure que celle de Bélier, & qu'elle étoit un peu moins ſujette à ſe voiler. Il y en a de noires, & d'autres noires & blanches, qui réuſſiſſent à merveilles en manche de Couteaux; mais les Couteliers de Saint-Etienne mettent celles-ci à part pour les employer en ouvrages plus recherchés, ou les vendre à d'autres Couteliers qui ne travaillent pas en Couteaux communs, une de ces cornes valant, au moins, le prix de douze des autres.

Lorſque ces cornes ſont un peu ſeches, le noyau oſſeux ou le *cornichon* tombe de lui-même, en frappant la corne ſur un corps dur. On porte ces cornes & on en met une dans l'étau pour la couper en travers, & la ſcier de la longueur des manches que l'on en veut faire ; ce que l'on répete sur toutes les cornes.

On chauffe sur les charbons chaque morceau après les avoir un peu enduits d'huile d'olive, avec la seule différence, qu'au lieu de faire agir le soufflet comme pour travailler les cornes de Béliers, ici après avoir allumé le feu avec le soufflet, dès que l'on a placé les morceaux de cornes, on ne le fait plus mouvoir ; car on ne veut point exciter le feu, de façon à produire de la flamme qui brûleroit la corne ; il faut ici que la chaleur pénetre la corne, & que cela se fasse en un temps plus long. L'Ouvrier est obligé de se servir d'un chiffon pour manier cette corne, qui est plus chaude que celle de Bélier. Le reste du travail ressemble entiérement à celui qui est déja décrit. On porte pour lors ces morceaux de cornes à ceux qui sont chargés de commencer à leur donner la forme de manches.

Cet Ouvrier pose chaque morceau dans un étau de fer ; mais auparavant, pour que l'étau ne fasse point d'impression sur la corne, il la fait entrer entre les deux parties d'une serre de bois, que l'on connoît sous le nom de *mordache*, qui ne serre la corne & ne la retient qu'à l'aide de l'étau de fer, dans lequel elle-même est retenue. *Fig. 15 & 16, Pl. IV.* L'Ouvrier donne la forme au manche avec l'*écouenne*, & exécute sur la corne le même travail que nous avons décrit avec plus de détails en parlant des manches de bois.

Il faut que cet Ouvrier ait l'attention de choisir, pour former l'intérieur du manche, la partie de la corne qui a été ployée, de sorte que le côté où les deux parties de la corne se sont rejoints, doit servir à recevoir la lame du Couteau, lorsqu'il sera monté.

Enfin, on moule les manches pour leur donner précisément la forme qu'ils doivent avoir ; on sait que la corne se prête plus facilement à recevoir les impressions du moule, que le bois ; ceux qui moulent des tabatieres & d'autres ouvrages de cornes, en fournissent des preuves convaincantes.

Les moules & les presses qui servent pour la corne, sont totalement semblables à ces mêmes instruments déja décrits pour mouler le bois. Ces moules portent souvent plus de moulures que ceux qui doivent servir pour le bois.

Pour travailler la corne, il faut avoir plus de moules que pour mouler le bois, ainsi qu'un plus grand nombre de presses : nous en dirons la raison.

Chaque Ouvrier a trois presses & six moules, dont il se sert ainsi : il fait chauffer un moule, il éprouve, comme pour le bois, son degré de chaleur ; il le nettoie avec la mouline ; mais il ne le frotte point d'huile. Suivant les Ouvriers, l'huile donneroit à la corne une couleur qui la gâteroit & lui ôteroit son brillant, sa transparence. Certaines cornes prennent une couleur noire, agréable, & recherchée de quelques personnes ; mais c'est la nature seule de la corne qui la produit, & cette couleur devient principalement apparente après avoir été exposée au feu. On trouve sur cette corne des veines blanches, preuve que c'eſt une différente qualité dans la corne. Il n'eſt pas aiſé de donner l'explication de ce changement de couleur, puiſqu'elle ne paroît auſſi vive qu'au ſortir du moule.

On poſe la corne dans le moule ; on met ſur cette premiere partie du moule, le ſecond côté; on le poſe ſous la preſſe, & on le ſerre avec la manette ſeulement.

Le même Ouvrier, tandis que ce morceau de corne eſt ſous la preſſe, arrange d'autres manches dans un ſecond moule, qu'il poſe ſous une ſeconde preſſe ; il retourne au premier moule & ſerre celui-ci avec le levier, qui, donnant de la force à l'Ouvrier, peut agir davantage ſur la corne qu'il comprime. Il la ſerre donc, & arrange enſuite un troiſieme moule qu'il poſe encore ſous une troiſieme preſſe ; il ſerre le ſecond moule avec le levier. Enfin, il prend le premier moule, arrangé ſous la preſſe, pour le porter entre les pinces d'un étau de fer *A* & *B*, où il le retient en ſerrant fortement l'étau ; ce moule ſe refroidit tandis qu'il ſerre le troiſieme, & il revient pour ôter la corne qui a été p ac e dans le premier moule, & qui y eſt reſtée aſſez de temps pour en avoir pris la forme & s'y être refroidie. Il eſt ſans doute d'expérience que la corne reprendroit ſa premiere forme, ou au moins qu'elle perdroit une partie de celle qu'elle n'a dû qu'au moule, qu'elle ſe déformeroit ſi on ne l'y laiſſoit pas ſe refroidir. La corne prend plus aiſément la forme du moule, que ne le fait le bois : mais le bois retiré chaud, ne ſe déforme point ; il conſerve la forme qui lui a été donnée.

Nous avons fait remarquer que les manches de bois ſont faits chacun d'une cheville de bois, tandis que ceux de corne ſont d'une lame large, mais ployée pour augmenter ſon épaiſſeur, qui, ſi on la retiroit promptement du moule, ſe gonfleroit, pourroit reprendre ſon premier état & s'ouvrir de nouveau.

Si l'Ouvrier a mal placé la corne dans le moule ; ſi le manche n'a pas pris la forme du moule auſſi parfaitement qu'il la lui vouloit donner ; quand le défaut eſt peu conſidérable, il peut ſe réparer en le plaçant la ſeconde fois dans le moule avec plus de ſoin ; mais ſi ce manche eſt mal-fait, s'il s'eſt dérangé en poſant le deſſus du moule, ou que le manche ait été mal préparé, avant d'y avoir été placé, il a encore un autre moyen pour ne le pas perdre entiérement ; il cherche un moule un peu plus petit, & y place le manche mal-fait, qui y reprend pour lors une autre forme : il devient, à la vérité, plus petit qu'il n'auroit été ; mais il ſert pour un Couteau qui ne ſera pas de la même force.

Les autres cornes des ergots & de la tête de Bœuf n'offrent, ainſi qu'il a été dit, quelque différence, que dans les moyens employés pour les redreſſer.

Il ne reſte plus qu'à *ébarber* les manches, c'eſt-à-dire, à ôter les *bavures* ou les *côtes*, & on les enleve dans la mordache & l'étau, avec les écouennes ou rapes convenables pour ce travail, qui eſt aiſé à imaginer & facile à exécuter. C'eſt la partie qui regarde celui qui eſt chargé de monter les Couteaux.

CHAPITRE

CHAPITRE TROISIEME.

Moyens employés pour monter les Couteaux.

On appelle *monter* des Couteaux, les moyens qu'on emploie pour joindre les lames aux manches. Toutes les opérations dans les Couteaux, dont nous donnons la fabrique, doivent être exécutées promptement ; leur prix ne permet pas qu'on s'attache à y donner de grandes perfections. Il y a cependant de ces Couteaux, les plus communs, qui ſont mieux faits que d'autres, ce qui dépend de l'adreſſe de certains Ouvriers ; mais on ne ſe propoſe point de leur donner aucun ornement.

On emploie ordinairement encore dans les grandes Fabriques, pluſieurs Ouvriers à monter les Couteaux ; & on leur donne un endroit ſéparé, & aſſez ſpacieux pour que chacun puiſſe faire une partie de l'ouvrage ſans gêner ſes camarades qui ſont occupés à d'autres opérations : *voyez Pl. VII.* Un de ces Ouvriers apporte une certaine quantité de manches & de lames, à peu-près d'une grandeur proportionnée les uns aux autres ; il ébarbe les manches ; cet ouvrage n'eſt pas long. On ſe rappellera qu'aux manches de corne le côté où elle a été pliée, & qui a été deſtiné à recevoir la lame, eſt déja en partie ouvert ; à ceux de bois, cette partie ne l'eſt point. Voici comme on s'y prend pour former ſur les manches, cette rainure dans laquelle doit entrer la lame du Couteau.

Il eſt néceſſaire, premiérement, que le manche ſoit ouvert ſuivant ſa longueur, pour que la partie tranchante de la lame puiſſe y entrer & qu'elle y repoſe ; ſecondement, il faut que la tête du manche, le bout où doit être attachée la lame, ſoit fendu d'outre en outre pour que le talon de la lame attachée à cette partie, & retenue par une goupille ou une broche qui la traverſe, ait le mouvement & la liberté de tourner ſur cet axe, & de pouvoir, comme l'on dit, ouvrir ou fermer le Couteau.

On porte les manches à l'étau ; deux Ouvriers, *Fig.* 1, ſont employés à ce travail ; l'un poſe le manche horiſontalement & le ſerre dans la mordache qui le maintient ſtable. Il prend une ſcie à main, *Fig.* 6, dont les dents ſont fines, & conjointement avec un ſecond Ouvrier, ils le ſcient tout le long de ſa longueur, & enfoncent la ſcie juſques dans la partie moyenne de ſa largeur ; ce trait de ſcie doit recevoir la lame : les Ouvriers n'ont pas beſoin de modele pour leur indiquer juſqu'où ils doivent faire mordre la ſcie dans le champ du manche qu'ils travaillent. Puiſqu'il s'agit de former une ouverture qui doit recevoir la lame, il faut que le feuillet de la ſcie faſſe ſeulement un trait un peu plus large que la lame n'a d'épaiſſeur, ſans l'enfoncer plus qu'il ne faut, pour ne pas lui faire perdre trop de sa force ; & rarement les Ouvriers se trompent-ils, quoique cette opération se fasse en un court espace de temps, sur un grand nombre de manches de Couteau.

Les Ouvriers forment aussi avec la scie, à la tête du manche, l'endroit où doit se loger le talon de la lame *a*, *Fig.* 7 *&* 10 : il ne s'agit, pour ces deux opérations, que de varier la position de la scie. Dans celle-ci, qu'ils forment la premiere, ils tiennent leur scie droite & scient ainsi le manche dans son épaisseur ; en changeant la position de la scie & la plaçant horisontalement, ils partagent le manche, ou plutôt forment le trait suivant sa longueur, laquelle est uniquement destinée à recevoir la lame quand on voudra fermer le Couteau. Les Ouvriers répétent la même manœuvre sur tous les manches destinés à être montés.

Quand les manches ont été refendus, ils passent à d'autres Ouvriers qui sont assis devant un établi ; l'occupation de ceux-ci est de faire le trou qui doit recevoir la *goupille*.

Il leur faut un chevalet garni de son *foret* & de son *archet* ; la mêche de ce foret est soutenue dans des ouvertures pratiquées à un montant qui forme un des côtés de l'établi. On peut consulter la Figure 15 de la Planche VII, où ce foret, & la maniere de le monter, sont représentés plus en grand. *a g* est un des côtés du rebord de l'établi, plus élevé que les autres parties du rebord de la table ; on a fait des ouvertures *b* à ce montant qui doit recevoir une des extrémités de la mêche du foret. On abaisse la partie *a* qui a un mouvement de charniere en *f*, on fait entrer la meche du foret *d* dans le montant *c*, on place son autre extrémité en *b*, & on remet en place la partie *a f* du montant *a g* ; on pose une goupille *h* pour l'empêcher de s'ouvrir. Cette meche du foret, destiné à percer, porte une bobine *c*, sur laquelle doit se rouler la corde de l'archet. On arrange l'archet, comme on le voit, *Fig.* 5, & on fait porter l'extrémité pointue *d* de la meche, à l'endroit du manche où entrera la goupille qui doit traverser la lame, la retenir au manche en lui servant d'axe. Ce foret differe de celui qu'employent ordinairement les Couteliers au même usage ; on peut s'en assurer en comparant ce qui a été dit sur le foret, *pag.* 66, de l'*Art du Coutelier*, & *pag.* 159, sur la façon de monter les Couteaux.

Il est encore nécessaire que les Ouvriers aient, sur cette même table, un petit tas d'acier propre à river le clou, ou les extrémités de l'axe qui traverse la lame, *Fig.* 5, *e*, & *Fig.* 11.

Ces Ouvriers doivent avoir à côté d'eux une certaine quantité de manches & de lames, dont les grandeurs soient proportionnées les unes aux autres ; il s'en assure en posant la lame dans le manche qu'il croit lui être convenable ; il examine l'endroit où répond le trou qu'on a fait à la lame, destiné à recevoir la goupille ou l'axe de fil-de-fer ; il appuie sur cette partie du manche l'extrémité du foret ou sa lancette, *Fig.* 5, à l'endroit où il veut le percer, il fait agir l'archet, & fait ſur le manche un trou qui le traverſe entiérement.

Le même Ouvrier prend un fil-de-fer qu'il a à côté de lui, & qui eſt de la groſſeur qui convient au trou qui a été fait à la lame & au manche, il le fait traverſer le manche & la lame, & le rompt du côté du manche oppoſé à celui où il l'a fait entrer. Pour cela, il ne faut que plier le fil en différents ſens, en le ſerrant dans des pinces ou tenailles de fer.

Ordinairement on fait entrer le fil-de-fer ou la broche du Couteau du côté droit, & on le r epouſſe ou l'on le rive du côté gauche.

On poſe un *œil de cuivre*, ou *petite roſette*, ou *virole*, dont l'Ouvrier a une certaine quantité *g* à côté de lui dans une boîte, (& dont nous donnerons la fabrique dans un autre lieu); il poſe cette roſette ſur la partie qui déborde le fil-de-fer de l'un & de l'autre côté du manche. Quand le trou qui forme le milieu de la roſette n'eſt pas aſſez grand, ou qu'il s'eſt refermé, l'Ouvrier prend un poinçon d'acier qu'il fait entrer dans la roſette pour en élargir l'ouverture; l'Ouvrier poſe ſur ce tas le manche du Couteau avec la lame, retenue par le fil-de-fer, garni des deux roſettes ou viroles, & avec quelques coups de marteau, il rive les deux bouts du fil-de-fer. Il y a ſur la table ou le deſſus du tas, *Fig.* 11, un petit creux deſtiné à recevoir l'œil ou la roſette dont on garnit le manche, tandis qu'on frappe ſur le côté oppoſé. On peut s'aſſurer des différences qui ſe trouvent néceſſairement dans ce travail groſſier, avec ce que font les Couteliers, dans des ouvrages plus recherchés, en conſultant la page 168 de l'Art du Coutelier.

Le tas *e*, *Fig.* 5 ou *Fig.* 11, eſt retenu à la table qu'il traverſe, par un coin *d*, qui entre ſous la table dans une mortaiſe que porte ce tas, *Fig.* 11.

L'Ouvrier ouvre la lame, il examine où porte l'eſpece de tête de clou, dont nous avons parlé, & qui en termine le talon; il fait une coche à cet endroit ſur le dos du manche, afin, comme nous l'avons dit, que la lame, étant retenue par cette eſpece de tête, ſoit droite, lorſque le Couteau eſt ouvert: voilà ce qui regarde les Couteaux à un clou, *Fig.* 7 *&* 8.

Les Couteaux à deux clous exigent encore une autre petite opération; il faut examiner où l'on doit placer le ſecond clou qui doit ſervir d'arrêt à la lame: pour cela, on ouvre le Couteau, on regarde où il faut arrêter le talon de la lame, pour qu'étant ouverte, elle ne faſſe qu'une ligne droite avec ſon manche; on perce auſſi avec le foret cet endroit du manche, & au-deſſous du talon de la lame, un trou qui traverſe le manche; on y paſſe une ſeconde broche de fil-de-fer qui eſt deſtinée ſeulement à recevoir l'extrémité de ce talon, lorſque le Couteau eſt ouvert, pour l'empêcher, en tournant davantage, de faire la baſcule. Cette goupille maintient donc la lame dans une poſition convenable pour couper, ſans empêcher de pouvoir enfermer le tranchant dans le manche lorſqu'on veut ployer le Couteau. La goupille eſt, comme nous l'avons dit, une invention pour ſuppléer à la tête du bouton, qui eſt à l'extrémité des lames à un clou, & qui, ſans exiger beaucoup plus de travail, eſt moins ſujette à inconvénients & à bleſſer les mains, &c. C'eſt une perfection que l'on a ajoutée à la ſimplicité des premiers, mais qui oblige d'augmenter le prix des Couteaux à deux clous : voyez *a*, *Fig.* 9 & 10.

Enfin, il ne reſte plus qu'à ébarber le manche du Couteau à deux clous : on le poſe dans l'étau qui ſerre la mordache de bois dans laquelle on poſe le manche ; on a des rapes à bois, des écouenes de différentes grandeurs, & on s'en ſert pour donner un peu plus de propreté au manche, ſans y employer beaucoup de temps ; la célérité que l'on doit mettre à ce travail, empêche que l'on n'ajoute autant de perfection qu'il ſeroit poſſible, ſi on y prêtoit plus d'attention, & ſi on vouloit y donner plus de ſoin.

Nous avons dit que l'on faiſoit encore à Saint-Etienne une eſpece de Couteaux à deux clous, que nous appellons *Couteaux de pieces*, dont le manche eſt de corne noire de Bélier qui ſe vendent juſqu'à 30 & 36 livres la groſſe.

Ces manches ne ſont point moulés ; l'Ouvrier qui *découpe* les cornes leur donne la forme du manche ſuivant la grandeur du Couteau ; ceux enſuite qui montent les Couteaux finiſſent les manches.

L'Ouvrier les *ébauche* avec la rape & la lime ; il ſcie le manche pour que la lame puiſſe y entrer. Il monte la lame ſur les manches qu'il acheve & qu'il polit à la main, avec la pierre-ponce & l'huile d'olive. Comme ces Couteaux entrent dans la claſſe de ceux moins communs, les moyens reſſemblent entiérement à ceux qui ſont décrits dans l'Art du Coutelier, & nous y renvoyons pour les détails.

Nous renvoyons encore pour la fabrique des manches des Couteaux à reſſort, & de ceux montés en or, yvoire, &c. à la deſcription complette de l'Art de la Coutellerie ; nous ne nous propoſons ici, comme nous en avons déja prévenu, que de faire connoître au Public des moyens faciles, ingénieux, la plupart particuliers à la ville de Saint-Etienne, pour y travailler les Couteaux communs.

Nous ne répéterons point ici les moyens qu'employent les Ouvriers pour faire les manches de Serpettes, & pour les monter ; car on peut aiſément faire l'application de ce que nous avons dit en parlant des Couteaux, aux Serpettes, ſoit à un clou, ſoit à deux clous.

On ne moule pas ordinairement les manches de Serpettes ; on fait même ceux de cornes avec les outils convenables & aſſez groſſiérement. Comme on recherche les Serpettes qui tournent le moins dans la main, lorſqu'on s'en ſert, on fait ſouvent leurs manches de bois de cerf, & par cette raiſon ces manches ſont meilleurs que les ronds. Voyez ce qui eſt dit ſur le travail de ces manches dans l'Art du Coutelier.

ARTICLE

ARTICLE PREMIER.

Des moyens employés pour monter les Couteaux à gaînes.

NOUS avons dit que les Couteaux à gaînes avoient, au prolongement de leur lame, une *pointe* ou *queue*, qui étoit destinée à entrer dans le manche du Couteau, & que c'étoit elle qui l'y maintenoit solidement.

On perce le manche avec une espece de *foret* ou d'*alésoir* taillé en quarré, garni d'un manche. Ce foret est placé horisontalement ; on appuie le manche du Couteau sur la meche du foret, à peu-près, comme le représente la Figure 2 de la Planche *VII*. Voyez l'*Art du Coutelier*.

Lorsque le manche est percé, on fait la virole ; on essaie la queue du Couteau dans le manche, pour s'assurer si l'ouverture est proportionnée à la longueur de la queue ; on ajoute la virole sur le manche ; on remplit le trou qu'on a fait au manche, de poix-résine, mêlée avec un peu de brique pilée, & le tout réduit en poudre ; on fait assez chauffer la queue de la lame, pour qu'elle puisse fondre le mastic qu'on a mis dans le manche, & le Coutelier monte le Couteau en plaçant la queue dans le manche.

On blanchit la lame sur la meule ; le Coutelier donne aussi une petite perfection au manche avec l'écouene, & le Couteau à gaîne est en état d'être vendu.

Les Couteliers de Paris ou ceux qui travaillent en ouvrages plus recherchés, donnent aux Couteaux beaucoup d'autres perfections, comme on peut s'en assurer, en consultant ce qui a été dit dans l'Art du Coutelier ; mais comme le prix modique des ouvrages de Saint-Etienne s'y refuseroit, les Ouvriers remettent les ouvrages, dans l'état où nous venons de les conduire, au Manufacturier, pour les arranger par douzaines, & les livrer aux Marchands Quincaillers. Nous n'entrerons pas, par conséquent, dans d'autres détails, puisque nous avons prévenu que nous ne nous proposions de parler que de la fabrique des Couteaux communs qui se livrent à bas prix, & particuliérement de ceux faits à Saint-Etienne, d'où on les envoie chez les Etrangers, à Paris & dans les Campagnes, où il s'en fait un débit considérable.

Nous n'avons rien dit de la Fabrique des Ciseaux communs que l'on fait aussi à Saint-Etienne, & qui, moyennant les moyens expéditifs que l'on y emploie, se livrent aussi à très-bas prix, puisque l'on trouve à Paris de ces Ciseaux à 18 sols la douzaine. Nous n'avons pas parlé non plus de la Fabrique des Rasoirs ; mais nous croyons que nous n'aurions ici que des applications à faire des moyens que nous avons détaillés en parlant des Couteaux, à ceux dont on se sert pour faire, dans le même endroit, les Rasoirs, les Ciseaux & les Canifs ; il suffit que l'on soit prévenu, que les tas en acier dur servent à mouler, ou étamper, & à ajouter presque tous les ornements ou façons qui se voyent sur ces lames ; que les meulieres les dégrossissent, les polissent, & font presque tout l'ouvrage en très-peu de temps, & sans une grande dépense; qu'avec ce secours enfin, les Couteliers de Saint-Etienne parviennent à livrer ces ouvrages de Coutellerie, peu recherchés, à la vérité, à un prix si modique, qu'il surprend encore plus, ceux qui sont instruits de toutes les opérations qu'ils exigent avant de pouvoir être mis en vente.

CHAPITRE QUATRIEME.

Des Rosettes.

NOUS avons dit qu'on garnissoit le fil-de-fer ou la broche qui retient la lame au manche & qui lui sert d'axe, de deux yeux ou *rosettes*; qu'elles y étoient assujetties par le fil-de-fer qu'on rivoit sur les rosettes d'un côté & de l'autre du manche.

Les Couteliers, à Paris, font celles de cuivre ou d'argent avec des emporte-pieces ou rosettiers d'acier, *Fig.* 18, 19 & 22. Ils frappent sur cet emporte-piece, qui porte sur la lame de métal qu'on veut découper en rosette, & dessous est une table de plomb, *Fig.* 21: c'est par ce moyen que les Couteliers à Paris font la plupart des rosettes qu'ils emploient, *Fig.* 19 & 20, ou 19 * & 20 *, *Pl. VII.*

Ces Couteliers font eux-mêmes, ou achetent chez les Orfevres les rosettes d'or ou d'argent qu'ils emploient à garnir leurs Couteaux. Voyez ce travail qui est décrit dans l'Art du Coutelier, *page* 74.

A Saint-Etienne, les rosettes dont on se sert pour garnir les Couteaux communs, sont de cuivre; elles ne se font pas chez les Ouvriers qui travaillent les lames; mais comme ce petit Art tient beaucoup par l'usage qu'on fait des rosettes à celui de la Coutellerie, nous ajouterons ici le peu de connoissance que nous en avons.

Les Ouvriers qui fabriquent ces rosettes, achetent des lames de laiton *b*, *Fig.* 14, qu'ils tirent d'Allemagne. Ces lames ont passé sous des *cylindres d'applatisserie*: elles sont en rouleau, larges de 8 à 9 pouces, & ont plus ou moins de longueur. On les achette au poids.

On porte les lames chez un ou deux Ouvriers qui ont le secret de les percer. On croit qu'ils se servent (*) d'une espece de tour pour percer réguliérement cette lame de laiton avec les conditions suivantes.

Premiérement, de ne point emporter les bavures de l'ouverture; il ne faut que pousser en dedans les parties de cuivre à l'endroit du trou.

(*) Il me paroît qu'on peut produire le même effet avec un poinçon à deux pointes, ou même à quatre; on auroit plusieurs de ces poinçons, dont les pointes seroient plus ou moins espacées entr'elles, selon la grandeur des rosettes qu'on demanderoit. Par ce moyen, on diviseroit très-réguliérement & très-diligemment les trous, & ces poinçons ne feroient que d'une bien petite dépense.

Secondement, il faut espacer plus ou moins les trous, suivant que l'on a dessein de tirer des rosettes plus ou moins grandes ; mais il faut qu'ils soient assez proches pour que l'on n'y laisse presque point de cuivre entre chacun des trous, quand on aura enlevé les rosettes, dont le trou doit former le centre.

Ces lames de cuivre ainsi percées régulièrement, & avec les soins que nous venons de décrire, les ouvertures étant faites de façon, que d'un côté elles soient unies, de l'autre que les bavures soient relevées, les Ouvriers qui les ont donnés à cet homme, vont les chercher pour en tirer les rosettes. On donne à ces Ouvriers pour ce travail un prix modique, qui suffit à peine à leur procurer le nécessaire. On pourroit sans doute, ainsi que je l'ai dit, imaginer d'autres machines qui réussiroient aussi bien ; mais je doute si elles n'étoient pas très-simples, que l'on pût retirer l'intérêt de l'argent qu'on y mettroit ; d'ailleurs, s'il y avoit plus d'Ouvriers à Saint-Etienne qui s'adonnassent à ce même travail, ils se nuiroient les uns aux autres, & il seroit difficile qu'ils y pussent trouver un gain suffisant pour les faire vivre. Je crois que c'est cette raison qui a détourné d'autres personnes de s'occuper de ce même travail.

On arrange une partie de cette feuille sur une planche placée & retenue perpendiculairement & solidement à une solive de la chambre. Cette feuille est maintenue verticalement le long de la planche, avec une traverse de bois large de deux pouces environ, qui entre dans des mortaises, & qui, s'appliquant sur le travers de la planche, retient la feuille de cuivre qui est serrée entre la traverse & la planche. L'Ouvrier, *Fig.* 3, Pl. VII, destiné à former les rosettes & à les tirer de cette plaque, est assis sur un siege élevé ; il a un tablier qui est fort long, & qui s'attache à la planche sous la plaque de cuivre.

Il lui faut encore des meches, des forets plus ou moins forts, suivant la grosseur des rosettes qu'il veut faire. Chacune de ces meches *Fig.* 12 a trois pointes *ff*, dont la premiere, celle qui occupe le milieu qui est entre les deux autres, est plus longue, & les deux autres sont tranchantes & plus courtes.

Il a un archet & une petite palette pour appuyer l'autre extrémité de la meche contre sa poitrine. L'Ouvrier commence à travailler la partie de la feuille qui déborde le dessus de la traverse dont nous avons parlé ; quand il a tiré de cette partie de la plaque les rosettes qu'elle peut fournir, il remonte au-dessus de la traverse une nouvelle partie de la feuille, & la travaille de nouveau, d'où il enleve des rosettes de la partie qui est immédiatement au-dessous de la traverse.

Lorsqu'il y a une assez grande partie de la feuille au-dessus de la traverse pour le gêner en retombant sur l'endroit qu'il travaille, il la roule ou la coupe avec des ciseaux. Les morceaux qui restent percés ne sont plus propres qu'à refondre ; ainsi il est indifférent qu'ils se trouvent en longs morceaux.

Pour enlever les rosettes, l'Ouvrier pose la pointe du milieu de sa meche dans un des trous que nous avons dit avoir été faits à la feuille de cuivre, & en retenant la meche dans cette position avec la palette qui est sur sa poitrine, il fait agir l'archet & sépare ainsi une rosette. Il porte la meche du foret dans le trou voisin de celui qui a donné une rosette, & ainsi de suite, ce qui demande beaucoup moins de temps pour être fait, qu'il ne nous a été nécessaire d'en employer à le décrire.

Les rosettes tombent dans le tablier de l'Ouvrier, que nous avons dit être assez long pour former une poche au bas de la feuille de cuivre.

On conçoit que la pointe du milieu de la meche sert à donner un point d'appui à cet outil. Elle porte sur la planche contre laquelle est la feuille de cuivre, tandis que les deux autres pointes sont destinées à couper le cuivre. Un tour ou deux de la meche, & un seul mouvement de l'archet suffisent pour couper la rosette.

La feuille de cuivre reste donc toute percée de trous, beaucoup plus grands qu'ils n'étoient auparavant, & maintenant il ne reste plus entre chacun, qu'un petit espace. L'Ouvrier a dû faire son possible pour les arranger à des distances convenables, de façon qu'il reste peu de cuivre entre chaque ouverture; car ce cuivre qui reste est une perte pour l'Ouvrier; cette feuille percée étant vendue à très-bas prix aux Chaudronniers ou Fondeurs.

Quand les yeux ou rosettes sont achevées, un Enfant les trie; il examine celles qui se sont fendues, qui ne sont pas régulieres. Si l'Ouvrier a posé la pointe de sa meche plus proche d'un côté du trou que de l'autre, qu'il n'ait pas choisi son centre pour la placer, la rosette sera irréguliere, & pour lors elle deviendra inutile; on met celles-là au nombre des rognures avec les feuilles percées. On compte les rosettes quatre par quatre, & on les arrange par grosses.

On les vend aux Couteliers par grosses de vingt-quatre douzaines, parce que chaque Couteau en a deux. Les ébarbures qu'on a produites en faisant les trous à la feuille de cuivre, restent encore après que la rosette est formée, & l'Ouvrier a l'attention de poser ces ébarbures en-dessus, en les faisant traverser par le fil-de-fer qui forme l'axe du Couteau, de façon qu'en frappant sur le fil-de-fer pour les river, on rabat les ébarbures sur le fil-de-fer, & la rosette est ainsi maintenue stable sur cette goupille, que ces ébarbures recouvrent & cachent en partie.

Quoique les Couteaux soient exposés à changer de prix, comme la plupart des autres marchandises, suivant les circonstances des temps; cependant nous avons cru utile de les faire connoître par les différents noms qui leur sont donnés à Saint-Etienne en Forez & à Chambon, d'ajouter aussi le prix du moment où nous écrivons, en indiquant que ces ouvrages varient depuis un tel prix jusqu'à un autre, selon que l'on donne quelques perfections ou quelques attentions à la fabrique de l'une ou de l'autre de ces especes de Couteaux.

Ces prix nous ont été donnés par le Sieur Laforge, Coutelier de S. Etienne en Forez, en 1763.

NOMS

NOMS de différents COUTEAUX *qui se fabriquent à* SAINT-ÉTIENNE, *& aux environs, avec leurs prix.*

LES Couteaux les plus communs & petits, à manches de bois moulés, appellés *Dauphines*, *Jambettes*, depuis 30 sols jusqu'à 2 liv. & 2 liv. 5 sols.

Les Couteaux à manche picoté, à un clou & de buis, la grosse 3 l. à 3 l. 10. s.

A cachet de buis, à un clou, 4 liv. 10 sols.

Pointus, manche jaune aussi de buis, 5 à 6 liv.

Canifs, manches droits de buis, 5 à 6 liv.

Les grands Couteaux forts, qui sont propres à tailler la vigne, & que l'on connoît à Saint-Etienne sous le nom de *Clapots* à manche de buis, la grosse 12 l.

Couteaux à fourchettes en buis jaune, 15 à 18 liv.

Les Couteaux à manche de bois de hêtre, appellés *Foyards* dans ce canton, moulés, à lames quarrées ou façon de Clapot, (selon les grandeurs & qualités), de 4 à 12 liv.

Couteaux façon de Montpellier, Dauphine ou France, de hêtre, moulés, à un ou deux clous, depuis 3 jusqu'à 12 liv.

Manches de corne, suivant les qualités & grandeurs.

Manches en cornes de Mouton moulés blancs, les lames façon de Montpellier ou Dauphine, 7 à 20 liv.

Manches de pieds-de-Bœuf moulés, mêmes lames que les précédentes, 6 à 15 l.

Couteaux à deux clous, manches de cornes de Mouton, noirs polis, lames pointues, 15 à 36 liv.

Couteaux de Chambon, manches de cornes de Bœuf, ni moulés ni polis, les lames pointues, à deux clous, 7 à 20 liv.

Couteaux de table ; il s'en fait sans mitres, les lames en sont toutes en acier, les manches en bois teint en rouge, ou noirs ou blancs à trois clous, 18 liv. jusqu'à 24 liv.

Couteaux pour Bouchers, dont les manches sont de buis, la grosse 18 à 24 l.

De Matelots à virole de fer, manches de bois moulés, lames à soie, pointe rabattue, la grosse 27 à 30 liv.

Couteaux de table à mitres, manches en bois ou corne de Mouton noir & corne d'Irlande, la douzaine depuis 3 à 7 liv.

Couteaux à virole d'argent, manches en ébenne & autres bois des Isles, lames & manches finis, la douzaine depuis 12 jusqu'à 24 liv.

FABRIQUE DES BAYONNETTES A SAINT-ETIENNE.

AVERTISSEMENT.

Je joins ici les moyens employés à Saint-Etienne pour y faire les Bayonnettes de Fusil servant aux Troupes ; je préviens cependant que mon dessein n'est point de donner la fabrique des armes blanches, qui doit être décrite incessamment de façon à ne rien laisser à désirer ; mais j'ai cru que les Bayonnettes ne tenant qu'indirectement aux armes blanches pouvoient, à la suite de la Partie de l'Art du Coutelier, dont j'ai parlé, servir à donner une application de la facilité avec laquelle on travaille le fer & l'acier dans le Forez, & en même temps du grand usage & de l'avantage considérable que l'on y tire des Meulieres mues par l'eau.

On prend un morceau de fer en barre, (*Fig.* 1, *Pl. VI*, seconde division de cette Planche), que l'on tire de Lyon ; on l'applatit à chaud sur une de ses extrémités *a*, *Fig.* 2, dont on fait une espece de palette, dans le dessein, en la contournant, d'en faire ensuite un cylindre qui sera la *douille* de la Bayonnette. On lui donne la figure cylindrique *a'*, *Fig.* 3, & on la contourne en la plaçant dans un tas, *Fig.* 14 & 15 ; ce tas est maintenu solidement dans une ouverture faite à ce dessein à l'enclume. L'Ouvrier tient le fer d'une main ; il le pose sur le tas, & frappe de l'autre main avec son marteau sur le fer chaud, & oblige cette partie plate & amincie à prendre la forme du tas. Un second Ouvrier pose un boulon de fer ou un mandrin, *Fig.* 11 & 12, dans la partie *a*, *Fig.* 2, qui a commencé de prendre dans le tas, *Fig.* 14 & 15, une figure cylindrique, au lieu de platte qu'elle étoit auparavant : le mandrin étant posé, il la remet sur le tas, il replie les deux côtés de la partie *a* de la Figure 2, & fait chevaucher une des lévres du cylindre sur l'autre, lesquelles se recouvrant parviendront à se souder, quand on leur aura donné une chaude convenable : voici comme il s'y prend pour la souder.

Quand les Ouvriers soudent de petites parties, ils les *brasent* pour les réunir, c'est-à-dire, qu'ils les soupoudrent de laiton sur les parties qu'ils veulent souder ; mais ici il suffit de donner au fer une chaude convenable appellée *suante*, assez vive pour faire entrer les bords de la partie qu'on veut réunir en un commencement de fusion. Quand le fer est suffisamment chaud, on le retire ; on passe le mandrin dans le cylindre, on le porte sur l'enclume, & on frappe dessus les parties qu'on veut réunir ; en une chaude le cylindre *a* *Fig.* 3 est soudé.

Quand les Ouvriers forgent le fer, ils mouillent leurs marteaux de temps à autre pour les empêcher de se détremper, & plutôt encore parce que le fer devient ainsi plus uni, les *écailles* s'en détachant plus aisément. Les écailles sont des parties de fer brûlées à la forge.

La barre de fer a été prise assez longue pour pouvoir faire la même opération sur son autre extrémité ; ils la font chauffer, l'applatissent & l'élargissent, *b* *Fig.* 4, la portent, sur le tas, *Fig.* 14 & 15, & la contournent pour former la douille de la seconde Bayonnette qui enveloppera, comme doit le faire le cylindre *a* déja terminé, l'extrémité du canon du fusil, & sera retenue, par une méchanique connue de tout le monde, (par un crochet qui entrera dans une fente pratiquée à la douille de la Bayonnette, comme nous le dirons dans un moment) ; il forme donc un cylindre creux à l'extrémité de la barre, comme il a fait à la premiere, en posant la partie applatie sur le tas, en la contournant, & il la soude aussi sur le tas, *Fig.* 5, *a b*.

Il coupe ensuite cette barre à égale distance de ces deux douilles & dans sa partie moyenne, *Fig.* 6 *a b* ; cette extrémité qui déborde les cylindres de chacune de ces parties, est peu considérable ; mais elle suffit, comme nous l'allons voir, pour former les lames de Bayonnettes, parce qu'elle n'est destinée qu'à servir d'attache à l'*étoffe* ; car c'est ainsi qu'on nomme l'acier que l'on ajoute pour former la lame.

Supposons que l'on se propose de former une Bayonnette en *couteau*, car il y en a, *Fig.* 20, à trois quarts ; on fend avec un coin d'acier emmanché dans un morceau de bois, & qui est connu sous le nom de *tranche*, *Fig.* 10, la partie de fer *c*, *Fig.* 7, qui dépasse la douille ; l'acier qui doit former la lame est ordinairement une partie de vieilles limes ; on la fait rougir, on la dispose un peu en coin, on la ploie en deux, *Fig.* 13, & on joint les deux côtés sur l'enclume en frappant plus sur une de ces épaisseurs pour l'amincir. C'est ce côté qu'on dispose de façon à pouvoir placer le morceau de fer, *Fig.* 7, *c*, que l'on a aussi fendu. Avant de placer l'acier, on a fait rougir cette partie de fer dans laquelle on doit poser celle d'acier, & on leur donne une chaude suante pour les souder ensemble.

On sait que l'acier se soude parfaitement avec le fer, & bien mieux que ne le feroit l'acier avec l'acier ; le mêlange du fer & de l'acier se dénote très-bien dans l'alliage que les Couteliers de Paris font sur la forge, pour former l'étoffe pour les lames auxquelles ils mettent toute leur attention. Nous ne répéterons point ici comment ils forgent la lame de la Bayonnette sur l'enclume ; on conçoit aisément que l'on s'y prend, à peu de chose près, de la même maniere que pour faire une lame de Couteau.

La lame étant faite, il s'agit de former à sa base sur le retrécissement qui la supporte & la joint au cylindre *c*, *Fig.* 18, un petit ornement *e* que l'on apperçoit près de la douille destinée à recevoir le bout du canon du fusil.

Les Ouvriers ont un tas ou *étampe*, *Fig.* 9, sur lequel ils posent la Bayonnette, & qui se met dans une ouverture de l'enclume où elle est retenue solidement, & ils ont une autre étampe semblable, *Fig.* 8, qu'ils posent dessus cette partie de la Bayonnette à laquelle ils veulent former une petite boule. Ce second tas, *Fig.* 8, est retenu dans un morceau de bois, & l'Ouvrier peut le promener sur cette partie de la Bayonnette, pour qu'il embrasse celle à laquelle il veut donner la forme d'une boule, tandis qu'un autre Ouvrier la lui procure en frappant sur l'étampe.

C'est ici une façon d'étamper. Le tas est une espece d'*étampe* dont l'Ouvrier se sert pour donner promptement la forme à son fer en le moulant, pour ainsi dire. Ces tas sont d'acier ; la partie que l'on moule est de fer ; elle est d'autant plus disposée à prendre la figure de l'acier sur lequel on la force d'entrer, qu'on l'a amolie au feu considérablement.

Il faut tremper de temps en temps le tas, afin qu'il ne perde pas par la chaleur, la dureté qu'on lui a donnée. On conçoit aisément que cette étampe composée de deux parties d'acier, est creusée de façon que ces deux parties représentent une demi-sphere ou une moitié de bouton, &c. On en a de différentes formes, suivant celle que l'on veut donner au fer qu'on veut mouler.

On a le soin de retourner le fer dans tous les sens, entre les deux étampes, afin qu'il s'y moule également sur toutes ses parties.

Il s'agit ensuite de tremper la lame ; l'Ouvrier la fait rougir & la plonge dans l'eau à l'ordinaire ; il la fait *revenir*, comme nous l'avons dit pour les lames de Couteau. Souvent l'acier ne demande pas à être beaucoup recuit, & c'est ce qui arrive à celui employé en Bayonnette, parce que la lame des Bayonnettes étant toujours plus épaisse que celle d'un Couteau, elle n'est pas si sujette à se casser, & prend aisément la dureté qui est convenable à cette espece d'instrument tranchant.

On contourne la lame de la Bayonnette, *Fig.* 18, à l'endroit de ce renflement *e*, & on lui donne la forme de la Figure 19.

La Bayonnette pour lors est faite, & il ne s'agit plus que de l'envoyer aux meulieres pour l'aiguiser & la polir. Elle revient encore chez l'Ouvrier qui, sur l'étau, & avec la lime, perfectionne l'ouverture de la douille, qui est destinée, avec le bouton du canon, à retenir la Bayonnette sur le fusil. Il fait aussi avec la lime ces entailles *c*, *Fig.* 19 & 20, qui servent à retenir les Bayonnettes au canon du fusil qu'enveloppe la partie cylindrique *b*, *Fig.* 19, qui y est assujettie solidement, au moyen de ce petit bouton attaché au canon qui entre dans l'entaille de ce cylindre, & va se loger dans le retour *d* de cette entaille pratiquée au cylindre dont nous parlons, *Fig.* 19.

Il

Il la blanchit en la limant, & la polit avec du grès dans les endroits où la meule n'a pu porter, & finit par se servir d'émeri, quand il convient de lui donner un poli plus parfait.

Quand on se propose de former une Bayonnette à trois quarrés, on ajoute le morceau d'acier, en terme d'Ouvrier *l'Acérure*, au morceau de fer qui déborde la douille. On le forge, comme nous l'avons dit, à la différence qu'au lieu de finir la lame, *Fig.* 18, sur l'enclume avec le marteau, on a un tas, *Fig.* 16 & 17, sur lequel on la place quand on lui a donné sa longueur, & sur lequel, en frappant sur la lame, on lui fait prendre la forme des trois quarres que l'on veut lui donner. Ce tas est représenté vu de côté, *Fig.* 16, & vu en face, *Fig.* 17.

Pour ne point entrer ici dans plus de détails sur les proportions que l'on doit donner aux Bayonnettes pour fusils de Grenadiers, je vais joindre, à ce que j'ai dit, la partie du Réglement envoyé à la Manufacture d'armes, concernant cette Fabrique.

La lame à trois quarres ou pans, sera de la même étoffe que les lames d'épées, c'est-à-dire d'acier, & aura 13 pouces de longueur, non compris la continuation du coude, qui aura un pouce, jusqu'au retour qui va joindre la douille ; ce qui fera 14 pouces de longueur.

Le pan en dedans de ladite lame, du côté de la douille, sera large de 12 lignes par le haut, & les deux autres pans de 7 lignes & demie, en diminuant vers la pointe : les trois pans seront évidés.

La douille & le coude seront d'un bon fer ; observant que le coude, qui doit avoir 5 lignes de diametre, soit soudé à la lame avec une grande attention, parce que c'est l'endroit où il se fait le plus d'effort. Le coude s'éloignera de la douille de 16 lignes ; cette mesure de 16 lignes, prise du centre de la tige du coude au centre de la douille. Il faut aussi avoir attention que la Bayonnette soit parallele à la prolongation du canon.

La douille aura trois pouces de longueur ; elle sera bien soudée & forée en-dedans, & ajustée sur un mandrin de 9 bonnes lignes de diametre ; la coulisse ouverte de 3 lignes, aura 16 lignes jusqu'au haut de son retour, & le haut de ce retour, qui sera à angle droit sur la coulisse, tiendra un quart de circonférence.

On observera, autant qu'il sera possible, que l'épaisseur du fer soit égale autour de la douille.

L'empattement que porte le coude sur la douille, sera prolongé jusqu'à la coulisse par un trait de lime un peu en ovale.

Les lames des Bayonnettes seront trempées & aiguisées sur la meule, comme les lames d'épées.

EXPLICATION DES FIGURES.

PLANCHE PREMIERE.

La Vignette de la Planche premiere repréſente une *Uſine*, deſtinée à réduire l'acier en lames minces. C'eſt un *martinet* ou gros marteau que l'eau fait mouvoir. Nous n'entrerons pas ici dans des détails, nous étant ſervis de ces figures, & les ayant expliquées en parlant des différents travaux des Ouvriers qui réduiſent en lames les barreaux d'acier.

La Figure premiere fait chauffer l'acier à un feu de forge.

La Figure 2 l'*étire* ſous le marteau de la machine.

La Figure 3 rebat chaque lame où il eſt reſté quelques endroits trop épais.

Le bas de la Planche repréſente en *a* un barreau d'acier.

b, *b*, *b*, *b*, un Ballot, enveloppé de toile & cordé, qui contient des barreaux d'acier, tel qu'il arrive de Rives, en Dauphiné; c'eſt à Lyon qu'on s'en fournit pour S. Etienne & S. Chaumond, à moins qu'on ne le tire en droiture.

c, *d*, *e*, l'Enclume de celui qui travaille au marteau & à la main, les lames déja amincies par le gros marteau. Cette enclume n'a rien de particulier. On y ajoute quelquefois une ouverture *d* qui eſt plus rétrécie en *o*; elle reçoit une *tranche* forte, deſtinée à couper les lames, quand leur longueur pourroit gêner pour le tranſport; elle eſt deſſinée en plan en *d e*.

f, *f*, une lame d'acier.

g, *h*, *i*, *k*, *l*, *m*, les fourgons, pinces, tenailles, &c. néceſſaires pour attiſer le feu de la forge, ou pour tenir l'acier que l'on veut chauffer; ou celui qui a ſa chaleur convenable, quand on veut le travailler.

PLANCHE SECONDE.

La Vignette offre un Ouvrier qui forge une lame de Couteau.

Figure 1. Son enclume *E*, a une bigorne; & une ouverture *D*, deſtinée à recevoir différents tas ou ciſeaux : on voit en *A* un ciſeau qui, placé en *D*, ſervira à couper la lame de Couteau, & à la ſéparer du reſte de l'acier.

La Figure 2 eſt celle qui fait mouvoir le ſoufflet; ſouvent c'eſt une femme qui *tire la vache C*.

B, un tas de charbon de terre.

F, une auge qui contient de l'eau, & qui ſert à différents uſages à celui qui forge.

Dans le bas de la planche, *Figure* 1, une lame de Couteau forgée, mais tenant encore à la lame d'acier.

Figure 2, cette lame de Couteau coupée.

Figure 3, on a commencé à faire à cette lame le talon.

Figure 4, ce talon *a* eſt redreſſé.

Figure 5, on lui a formé en *b* une eſpece de tête de clou.

Figure 6, on l'a percé en *c* pour recevoir la goupille ou l'axe, à l'aide duquel la lame tournera ſur le manche, s'ouvrira & ſe fermera. Quand le Couteau ſera ouvert, la tête *b* s'arrêtant ſur le manche, le maintiendra ſtable & ferme.

Figure 7, c'eſt le poinçon *c* qui ſert à imprimer la marque du Fabriquant, ſi l'on veut, *Euſtache Dubois* : *b*, eſt le plan de ce poinçon.

Figure 8, le poinçon qui ſert à percer la lame, à faire le trou *c* que l'on voit *Fig.* 6.

Figure 9, une lame d'un Couteau à deux clous. La lame eſt ponctuée comme ſi elle étoit ſur le tas, pour voir comment elle y prend la forme qu'il convient de lui donner.

Figure 10, cette même lame, avec l'ouverture *b* qui étant traverſée par l'axe ou la goupille, permettra le mouvement à la lame ſur le manche : le prolongement *a* portant ſur le ſecond clou, ſervira d'arrêt à la lame.

Figure 11, ciſeau ou tranche repréſenté plus en grand que dans la vignette où nous en avons parlé en *A*, *Fig.* 1.

Figure 11*, le même ciſeau vu d'un autre profil.

Figure 12, le tas de la Figure 9, vu dans un autre ſens ; avec les lettres *a*, *b*, *c*, correſpondantes à la Figure 10.

Figure 13, le même tas vu en plan.

Figures 14 & 15, le tas deſtiné à faire la tête de clou, que l'on voit en *b* *Fig.* 5 & 6.

Figure 16, un Couteau à un clou, dont la lame eſt ouverte, & dont l'extrémité *b* faite en tête de clou, porte ſur le manche, & y eſt retenue.

Figure 17, le même Couteau fermé : on voit en *a* cette tête de clou qui ſouvent écorche, déchire les habits, & par là offre quelques inconvénients.

Figure 18, un Couteau à deux clous ouvert ; on a ponctué l'extrémité de la lame du Couteau qui eſt dans le manche, pour que l'on vît en *a* la goupille ſur laquelle tourne la lame ; en *b*, ſon prolongement qui, appuyant ſur le ſecond clou, tient cette lame ſolide.

Figure 19, le même Couteau à deux clous fermé.

Figure 20, une lame de Serpette forgée.

Figure 21, le talon commencé.

Figure 22, ce talon élevé & prêt à y faire la tête de clou.

Figure 23, la lame avec la tête de clou, & percée.

Figure 24, une Serpette emmanchée & ouverte.

Figure 25, la Serpette dans ſon manche, & fermée.

Figure 26, une lame de Couteau à gaîne avec la queue *c b* qui doit la tenir au manche.

Figure 27, ce Couteau à gaîne avec son manche.

Figure 28, le Couteau à gaîne, dans sa gaîne.

PLANCHE TROISIEME.

La Vignette représente le lieu où l'on émout les Couteaux, ou les *Meulieres*; car c'est ainsi qu'on nomme l'endroit où sont de grandes meules destinées à *émoudre* ou *repasser* les Couteaux.

Nous sommes encore entrés dans assez de détails, en décrivant cette utile machine, pour nous dispenser de répéter ici ce que nous en avons dit.

La Figure premiere & la seconde, émout ou repasse des lames de Couteau.

La Figure 3 polit les lames sur une meule de bois de noyer. L'Ouvrier en a de rechange à côté de lui.

Dans le bas de la Planche, on a représenté plus en grand le mouvement communiqué par la premiere poulie ou bobine qui tient à l'arbre de la roue à aube, & comment cette poulie fait agir d'autres poulies qui font mouvoir les meules.

A B, la premiere poulie; elle porte sur sa circonférence deux entailles qui reçoivent les cordes croisées.

D'un côté & de l'autre sont une ou deux autres poulies *D*, *E*, *H*: si l'on veut communiquer le mouvement à plus de poulies, on fait sur la premiere plusieurs raipures, représentées en *P* ou en *QR*, où une de ces poulies est dessinée coupée dans un de ses diametres.

IK, *LM*, *NO*, l'ajustement de la meule de bois de noyer. Comme on change souvent ces petites meules, il faut pouvoir les démonter aisément. *IK*, *LM* offre la meule démontée, & *NO* la représente en place.

On a gravé sur une autre échelle, pour rendre plus intelligible, la pince qui sert à l'Ouvrier pour tenir sur la meule la lame de Couteau, sans risquer de se blesser.

On voit cette pince en *T*, *X*, *Y*; mais nous l'avons dessinée en plus petites proportions, & conformément à l'autre porte-pince *Z* en *t x*.

La lame 3 est retenue dans la pince *t*, *x*, à l'aide du coin *u*, qui passant entre les deux serres de bois, les contraint de s'approcher, de maniere qu'elles retiennent la lame.

Quand la lame est maintenue sans lui permettre de mouvement, comme on le voit en *x*, on met cette pince dans l'entaille ou la partie creuse 1, 2, du porte-pince *Z*, de façon que la lame du Couteau porte sur la partie 1 de cet outil. Ce porte-pince est tenu sur la meule par l'Émouleur, & il appuie avec force dessus, en faisant porter la lame sur la meule sans craindre de se blesser.

PLANCHE QUATRIEME.

CETTE Planche offre les détails des premiers travaux que l'on fait ſur les manches. La Figure premiere coupe un billot de bois de hêtre, déja ſcié de longueur convenable, elle le partage en chevilles.

La Figure 2 commence à leur donner, avec une hache, la forme d'un manche.

La Figure 3, aſſis ſur un banc ou *ſellette*, donne à ces chevilles, avec une *plane* ou *pleine*, à peu-près la figure qu'elles doivent avoir pour former des manches de Couteau.

La Figure 4 met ces manches dans une *mordache*, & les tient ainſi dans un étau de fer, dont il ſerre les mâchoires; il les finit autant qu'il eſt convenable, avec des limes à bois & des *écouenes*.

On a repréſenté, *Fig.* 8, 9, 10 & 11, la façon de ſéparer le bois de hêtre & de réduire ce bois en chevilles propres à devenir des manches.

Figure 12, le banc ou *ſellette* à tailler les manches; on voit en *a* la palette percée, qui ſert à recevoir l'extrémité de la plane.

Figure 13, la plane à une ſeule main; l'autre partie *a* entre, comme nous l'avons dit, dans l'ouverture de la palette *a*, *Fig.* 12.

Figure 14, ce banc deſſiné en plan, avec la plane *a* miſe en place.

Figure 15, l'étau que l'on aſſujettit, d'une façon ou d'une autre, à la table, comme on le voit dans la vignette, *Fig.* 4.

Figure 16, la mordache. Pour empêcher les deux branches ou lames de la mordache de ſe joindre en *c*, on met en *a* le petit taſſeau *b*. Cette mordache porte le manche, & on le ſerre dans la mordache, à l'aide de l'étau de fer; par ce moyen on ne gâte pas le manche de bois tendre.

PLANCHE CINQUIEME.

LA Vignette offre le lieu deſtiné à mouler les manches de Couteau.

Dans le bas de la Planche on a repréſenté, *Fig.* 1 & 2, un moule ouvert.

On voit en *aa* deux hauſſes ou tenons qui entrent, le moule étant fermé, dans les parties creuſes *b b* de la Figure 2.

Figure 3, 4 & 5, des manches plus ou moins façonnés, tels qu'ils ſortent ſouvent des moules, avec des bavures.

Figure 6, une preſſe vue en face.

h h, les deux montants qui traverſent par leurs extrémités inférieures, la table; & pour les y aſſujettir, ils portent des ouvertures *i i*, dans leſquelles on fait entrer les coins *a a*.

b, la traverſe qui porte ſur l'établi; *c*, celle qui porte l'écrou; *d*, traverſe qui monte ou baiſſe à meſure que la vis monte ou deſcend; elle eſt repréſentée ſéparément, *Fig.* 8.

La Figure 7 est la même presse vue de côté. On y voit la table *lll*; & un montant *h i* de la presse, retenu par le coin *a*; en dessus de la table la traverse immobile *b*, celle mobile *d*, à mesure que la vis monte ou baisse. On voit la méchanique du mouvement de cette traverse dans cette même figure; elle est soutenue par un levier *e*, qui a son point d'appui en *g*. Le poid *f* tend à faire monter la traverse *d* à mesure qu'on desserre la vis.

Figure 8, cette même traverse ou platine *d* est dessinée séparément; *e*, le levier, *g*, son point d'appui; *f*, le poids qui tend à la faire monter, en lui faisant faire la bascule.

Figure 9, la manivelle ou *Manette*: *k*, le coude dans lequel entre le levier, *Fig.* 10.

Figure 10, le levier au moyen duquel on agit avec plus de force pour serrer la presse, & faire tourner la manette, *Fig.* 9.

La Figure 11 de la Vignette fait chauffer les moules à un feu de forge.

La Figure 12, les met en presse & serre la vis de la presse, premiérement avec la *manette*.

La Figure 13, pour agir avec plus de force, emploie un levier plus long pour serrer la presse. Ce levier se nomme le *brutal*; il le passe dans le crochet de la manette, & l'appuie sur le quarré de cette manette. On a vu la manivelle, *Fig.* 9; & le levier ou brutal, *Fig.* 10.

On voit en *E*, *G*, un chiffon avec lequel on prend de la mouline destinée à dégraisser le moule.

De ce même côté, il y a des étaux *A*, *B*, dont on se sert pour tenir les moules qui ont donné la forme à des manches de cornes; il faut que ces manches restent bien plus long-temps serrés dans le moule, ou ils se déformeroient.

PLANCHE SIXIEME.

La Planche sixieme représente le lieu où l'on taille la corne pour en faire des manches de Couteau.

La Figure premiere taille & coupe de longueur la corne, qu'a fait griller la Figure seconde, à un feu de forge. A mesure que la Figure premiere a coupé la corne de la longueur qu'il convient, elle la jette dans la casse *B* remplie d'eau.

La Figure seconde allume le feu de sa forge avec le soufflet *D*; elle fait griller la corne & la secoue sur une pierre *C*, mise sur le devant de la forge.

Le bas de la Planche, dans la premiere division, représente, *Fig.* 3, l'étau où l'on rogne la corne; ordinairement les mâchoires de l'étau sont de la largeur d'un manche de Couteau. Ainsi on coupe les parties *a a* qui débordent ces mâchoires.

Figure 4, le Couteau à rogner la corne; il ressemble un peu à un tranchet de Cordonnier.

Figures 5 & 6, des cornes de Bélier; *Fig.* 5, celles de Barbarie plus contournées & plus fortes que celles des Béliers de nos Provinces.

La seconde division du bas de la Planche est relative au travail des Bayonnettes.

Figure 1, morceau de fer que l'on emploie à faire deux Bayonnettes.

Figure 2, on l'applatit sur une de ses extrémités *a*.

Figure 3, on forme un cylindre de cette partie *a*.

Figure 4, l'on réduit l'autre extrémité *b* de la Fig. 3, à une moindre épaisseur.

Figure 5, elle est ici mise en cylindre, ainsi qu'on l'a fait sur l'autre partie.

Figure 6, on divise la Fig. 5, & on la sépare dans l'entre-deux de ces cylindres, comme on le voit ici, & *Fig.* 6, *a* & *b*.

Figure 7, on fend la partie *c* du morceau de fer *c b*, & on y soude la piece d'acier *a*, qui doit servir à former la lame de la bayonnette.

Figure 8, c'est le tas ou l'étampe dont on se sert pour faire promptement la pomme *e* des *Fig.* 18, 19 & 20.

Figure 9, cette seconde partie du même tas est retenue dans la mortaise faite à l'enclume, & on pose sur celle-ci la contre-partie, *Fig.* 8. En *a* on voit le plan du tas, *Fig.* 9.

Figure 10, *a*, ciseau ou tranche emmanchée, dont on se sert pour fendre la partie *c* de fer de la Figure 7, & y souder l'acier *a* de cette même Figure.

Figure 11, les mandrins sur lesquels on contourne le fer, pour lui faire prendre la Figure cylindrique, comme nous l'avons expliqué pour les Figures 3, 4, 7, &c.

Figure 12, autre mandrin.

Figure 13, l'acier pour former l'*acérure* de la lame de la bayonnette; c'est ordinairement une vieille lime que l'on plie au feu.

Figure 14, le tas sur lequel on pose le fer, lorsque l'on veut lui donner la forme cylindrique; on le frappe sur ce tas, & on pose le mandrin en dedans pour rabattre les deux levres du cylindre avant de les souder.

Figure 15, le même tas ou étampe vue de côté.

Figure 16, autre étampe pour mouler, pour ainsi dire, les lames de bayonnettes à trois quarres.

Figure 17, le même tas vu en dessus.

Figure 18, la bayonnette; *a*, sa lame; *b*, la douille; *c*, l'échancrure qui la retient au fusil; *e*, l'espece de pomme qui joint la lame.

Figure 19, la même bayonnette contournée, comme elle doit l'être, pour ne point gêner le corps de fusil, lorsqu'on tire avec la bayonnette: les mêmes lettres répondent aux mêmes objets de la Figure 18.

Figure 20, une bayonnette à trois quarres; les lettres sont aussi correspondantes aux *Fig.* 18 & 19.

PLANCHE SEPTIEME.

La Planche ſeptieme explique comment l'on *monte* les Couteaux, c'eſt-à-dire, la façon d'ajuſter la lame ſur ſon manche.

La Figure premiere forme ſur le manche de bois la place de la lame, où elle ſe loge quand elle eſt enfermée dans le manche. Deux Ouvriers ſe ſervent d'une ſcie à main pour cette opération.

La Figure ſeconde, perce ſur le manche le trou dans lequel doit entrer l'axe de la lame qui la retient au manche. Cette même table eſt repréſentée en plan, *Fig.* 5. On voit ſur cette table le tas à river les roſettes.

Figure 3. Ouvrier qui tire du feuillet de cuivre, les roſettes dont on garnit les manches de Couteaux.

Fig. 4, *dans le bas de la Planche.* Ce feuillet de cuivre *b*, aſſujetti ſur une planche & retenu par une traverſe de bois *aa*.

Fig. 5, le plan de la table qui ſert d'établi à l'Ouvrier Fig. 2 de la vignette. On y voit le plan du foret qui ſert à percer le manche de bois : en *h*, un des montants que traverſe la meche du foret : *i*, l'autre montant que l'on voit en *af*, *Figure* 15.

Figure 6, la ſcie à main.

Figures 7, 8, 9 & 10, des manches de Couteaux. *Fig.* 7, en *a* on voit l'entaille où doit repoſer la tête de clou de la lame. *Fig.* 8, cette entaille & le manche percé pour recevoir l'axe.

Figure 9, manche de Couteau à deux clous. *Fig.* 10, ce même Manche avec l'ouverture, qui doit ſervir de retraite à la lame.

Figure 11, tas que l'on place ſur l'établi Fig. 5, & que l'on retient en-deſſous de l'établi par le coin *d*, qui entre dans l'ouverture *e* de ce tas. On voit le plan de ce tas en *e*; il ſert à *river* l'axe, en retenant les viroles ou *roſettes* que l'on voit en *g*; on appelle auſſi *l'œil* cette roſette.

Figure 12, meche du foret, la pointe du milieu eſt plus longue que les deux autres; & ce ſont les deux plus courtes qui détachent la roſette de la feuille de cuivre Fig. 3, tandis que celle du milieu ſert ſeulement de point d'appui au foret.

Figure 13, des lames de cuivre, d'argent, ou d'autre métal, qu'emploient les Couteliers de Paris pour faire leurs roſettes.

Figure 14, le feuillet de cuivre *b* de la Fig. 4.

Figure 15, profil du foret à percer les manches, don t nous avons parlé Fig 5 : *af*, le montant qui s'ouvre en *f* : *bb*, différentes hauteurs où l'on peut placer la meche du foret : *h*, petite fiche qui empêche ce montant de s'ouvrir : *ac*, la bobine de la meche : *d*, pointe de la meche : *e*, ſecond montant que traverſe auſſi la meche du foret.

Figure 16, la meche de ce foret.

Figures

Figures 17 & 18, *emportes-pieces* dont ſe ſervent les Couteliers de Paris pour faire leurs roſettes.

Figures 19 & 20, & 19* & 20*, ces mêmes roſettes faites avec les emportes-pieces 17 & 18.

Figure 21, morceau de plomb ſur lequel on met la lame de métal qui doit ſervir à en tirer les roſettes.

Figure 22, un emporte-piece, imaginé coupé ſuivant ſa longueur.

Figure 23, une écouene ou rape à bois.

Je n'ajoute point ici l'explication des termes employés dans cet Art, parce qu'elle ſe trouvera dans l'Art complet du Coutelier; & j'ai imaginé que cette répétition feroit ici inutile. J'ai mis ces termes d'Arts en italique dans le corps de l'Ouvrage.

Fin de l'Explication des Figures.

EXTRAIT DES REGISTRES
DE L'ACADÉMIE ROYALE DES SCIENCES.

Du 3 Juin 1772.

M. BAILLY qui avoit été nommé pour examiner L'ART DU COUTELIER EN OUVRAGES COMMUNS, lu à l'Académie en 1767, par M. FOUGEROUX DE BONDAROY, en ayant fait son rapport, l'Académie a jugé cet Ouvrage digne de l'impression : en foi de quoi j'ai signé le présent Certificat. A Paris, le 21 Août 1772.

GRANDJEAN DE FOUCHY,
Secrétaire perpétuel de l'Académie Royale des Sciences.

DE L'IMPRIMERIE DE L. F. DELATOUR. 1772.

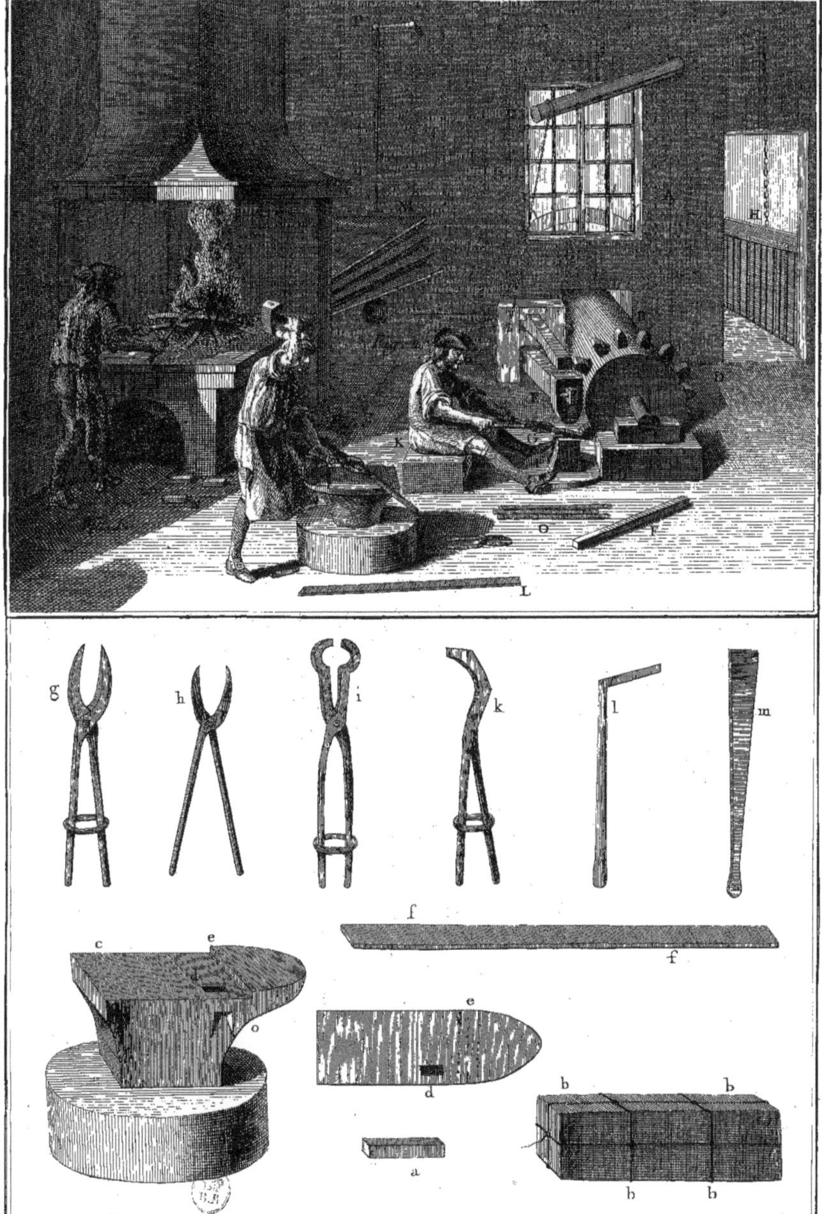
g
h
i
k
l
m
f
f
c
e
e
o
d
a
b
b
b
b

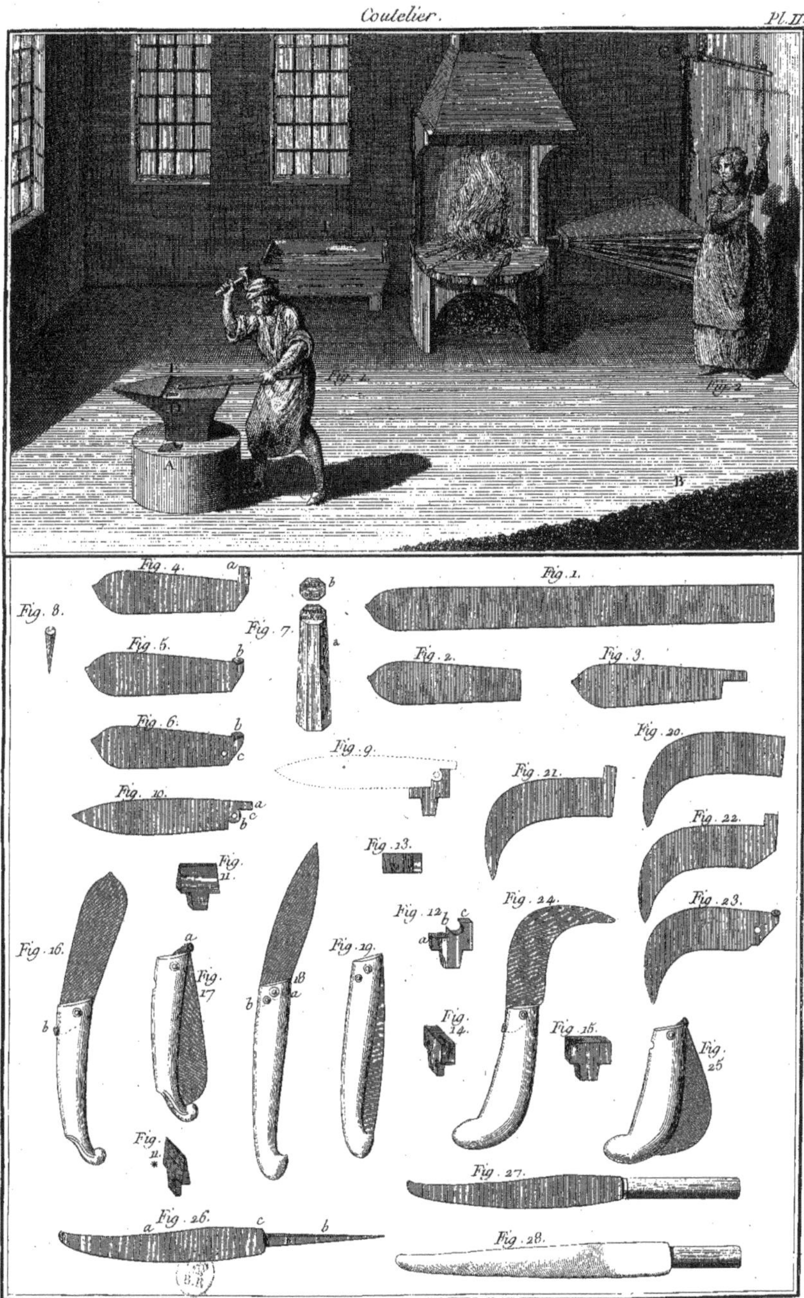
Fig. 1.
Fig. 2
A
B
Fig. 4.
Fig. 8.
Fig. 5.
Fig. 7.
Fig. 1.
Fig. 2.
Fig. 3.
Fig. 6.
Fig. 9.
Fig. 20.
Fig. 21.
Fig. 10.
Fig. 22.
Fig. 13.
Fig. 11.
Fig. 12
Fig. 24.
Fig. 23.
Fig. 16.
Fig. 17
18
Fig. 19.
Fig. 14.
Fig. 15.
Fig. 25
Fig. 11.
Fig. 27.
Fig. 26.
Fig. 28.

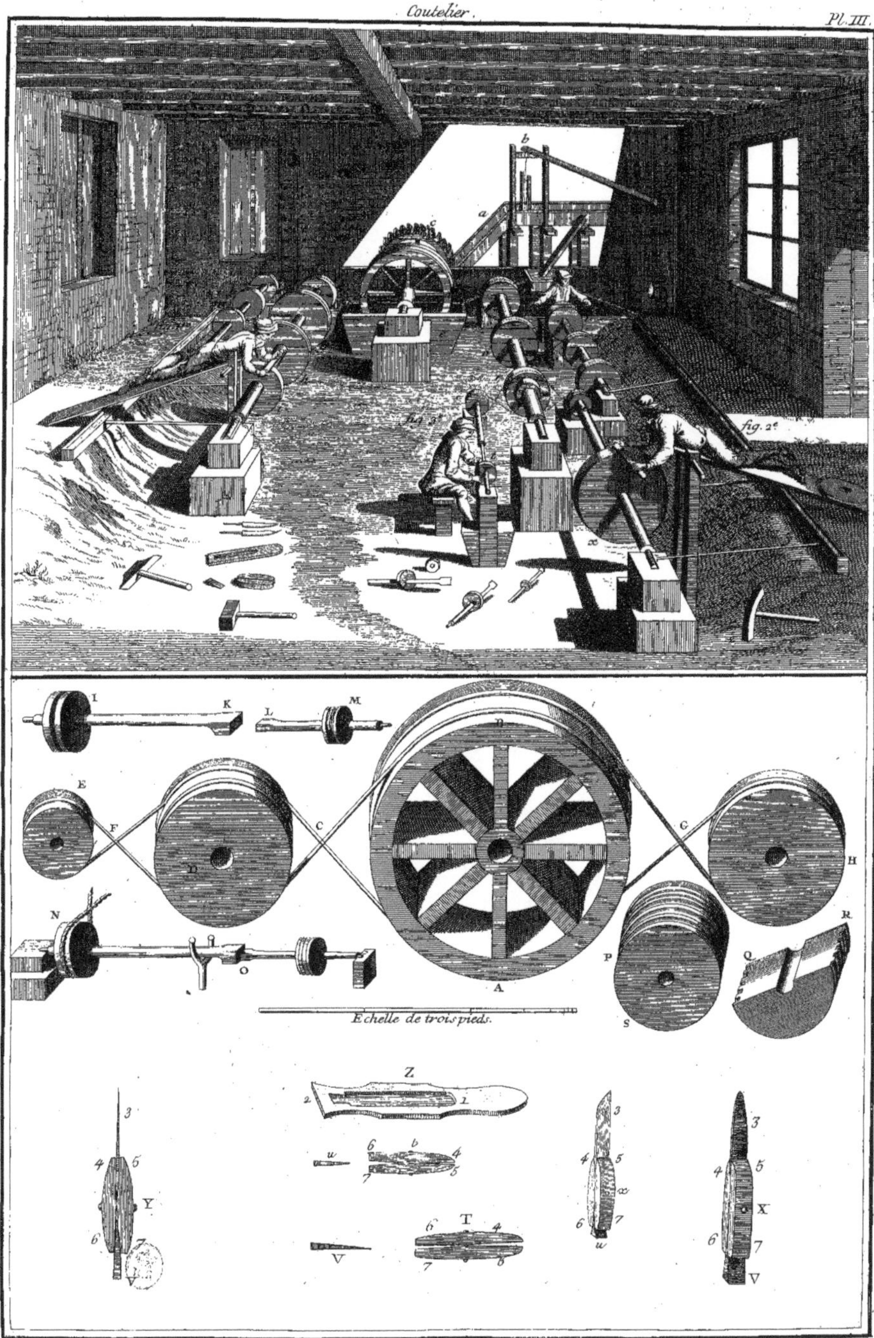
fig. 2e
Echelle de trois pieds.
A
B
C
D
E
F
G
H
I
K
L
M
N
O
P
Q
R
S
T
V
X
Y
Z

Coutelier. *Pl. IV.*

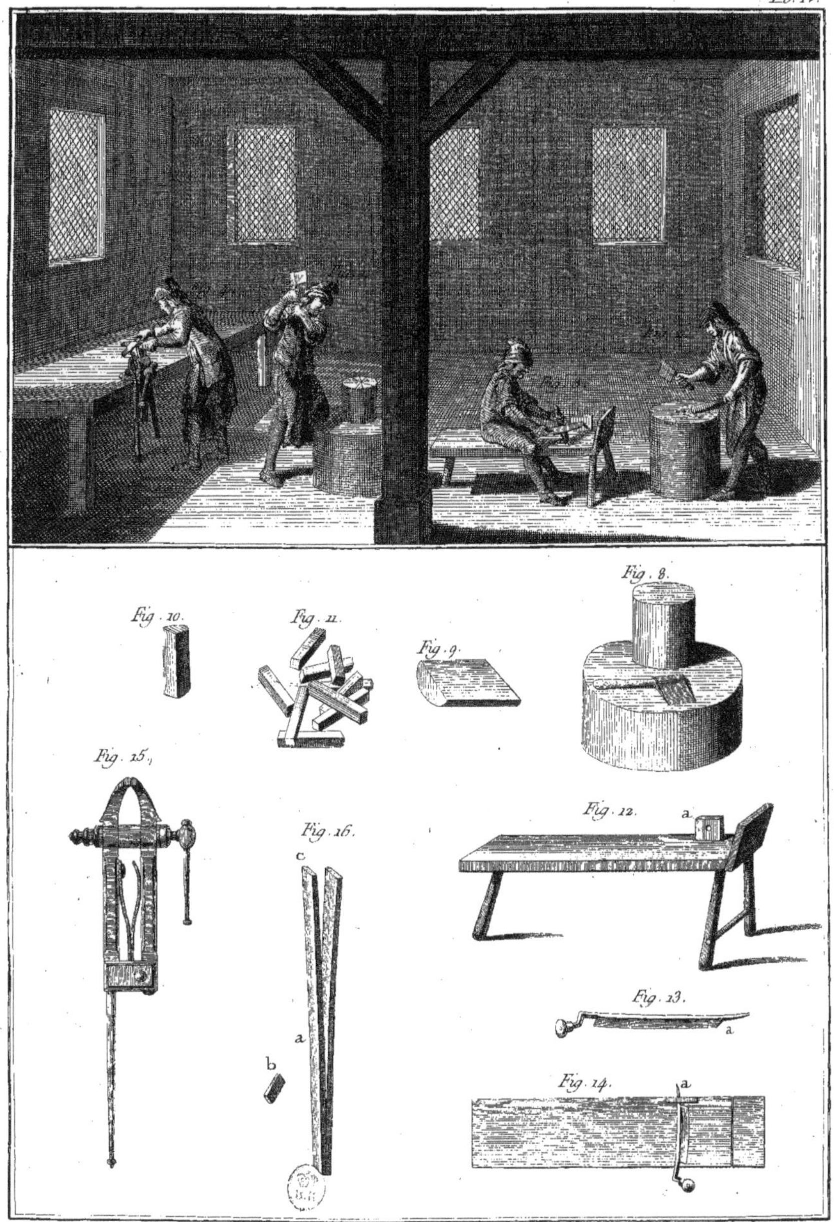

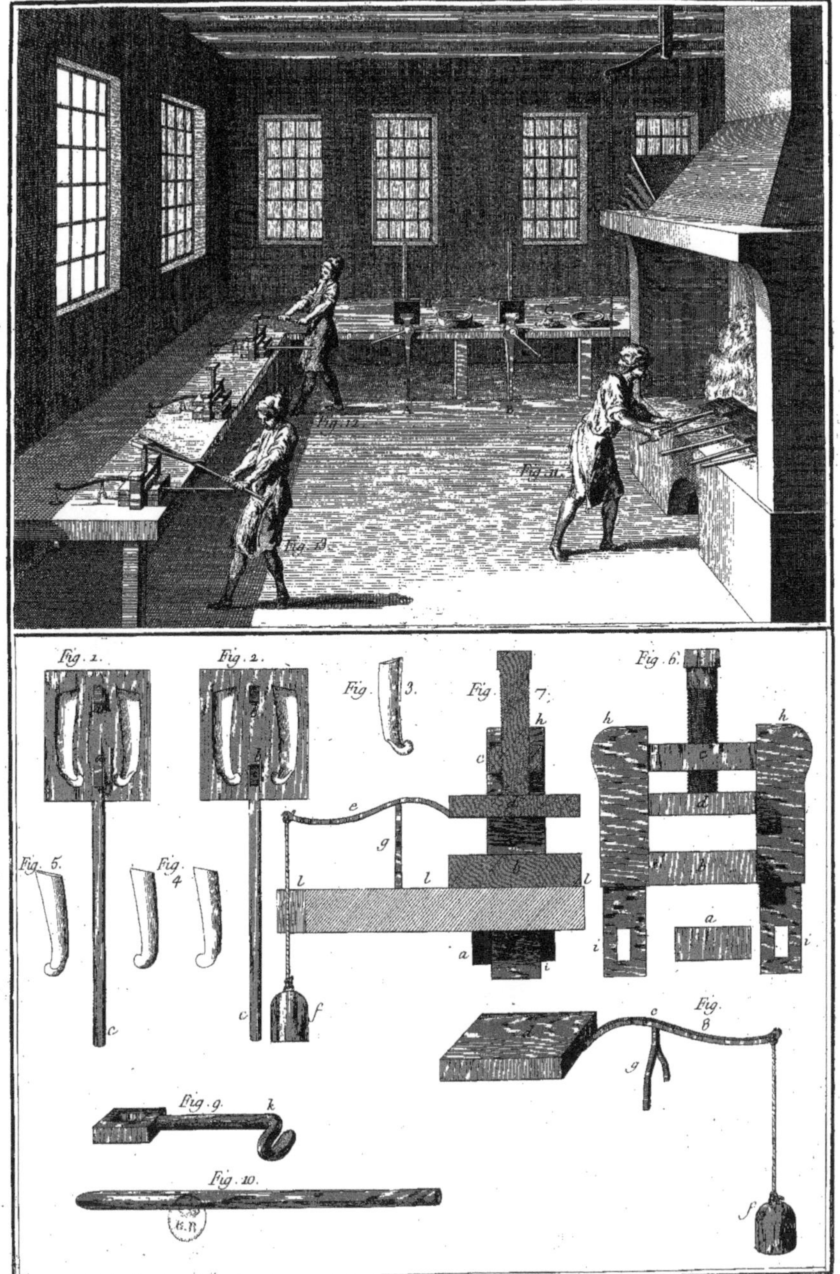
Fig. 12.
Fig. 11.
Fig. 13.
Fig. 1.
Fig. 2.
Fig. 3.
Fig. 7.
Fig. 6.
Fig. 5.
Fig. 4
Fig. 8
Fig. 9.
Fig. 10.

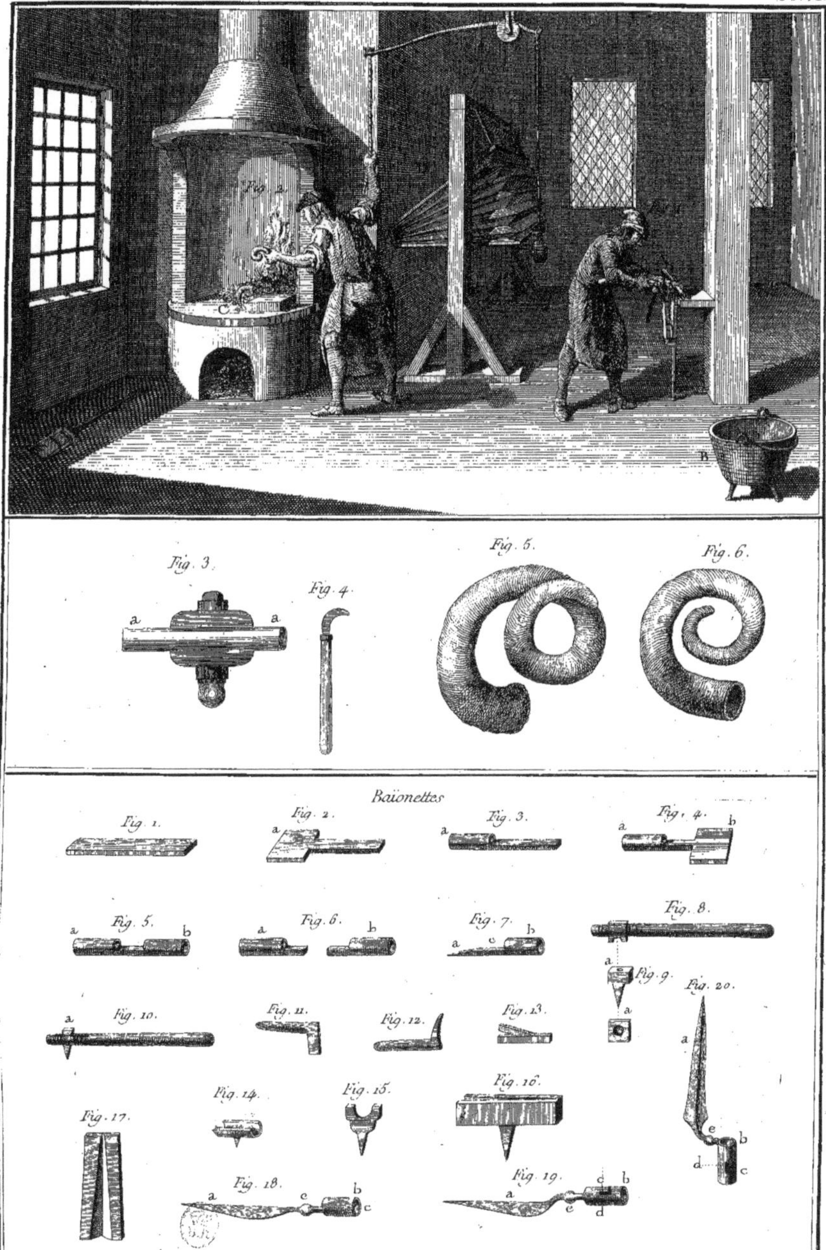
Fig. 3.
a
a
Fig. 4.
Fig. 5.
Fig. 6.
Baïonettes
Fig. 1.
Fig. 2.
Fig. 3.
Fig. 4.
Fig. 5.
Fig. 6.
Fig. 7.
Fig. 8.
Fig. 9.
Fig. 10.
Fig. 11.
Fig. 12.
Fig. 13.
Fig. 14.
Fig. 15.
Fig. 16.
Fig. 17.
Fig. 18.
Fig. 19.
Fig. 20.

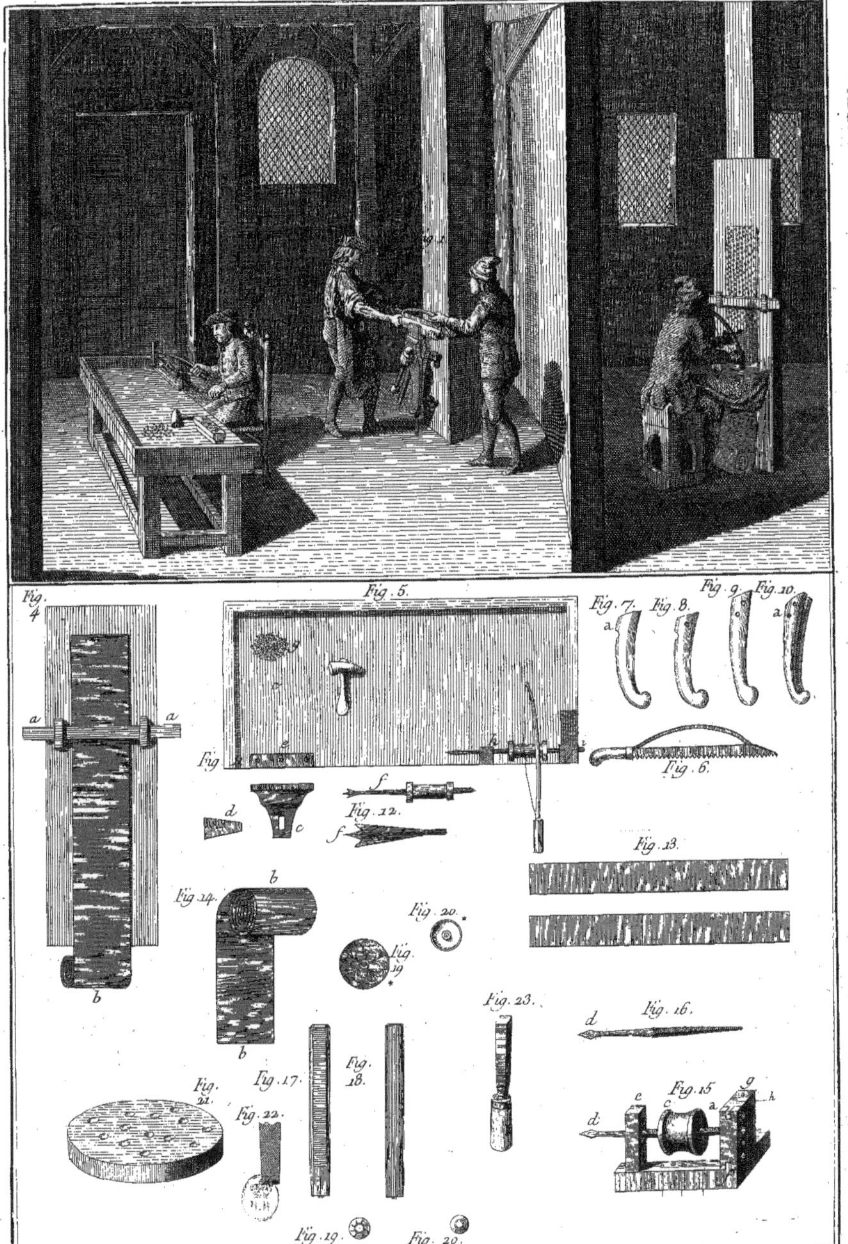
Fig. 4
Fig. 5.
Fig. 7.
Fig. 8.
Fig. 9.
Fig. 10.
Fig. 6.
Fig. 12.
Fig. 13.
Fig. 14.
Fig. 20.
Fig. 19
Fig. 23.
Fig. 16.
Fig. 21.
Fig. 17.
Fig. 18.
Fig. 22.
Fig. 15
Fig. 19.
Fig. 20.

www.ingramcontent.com/pod-product-compliance
Ingram Content Group UK Ltd.
Pitfield, Milton Keynes, MK11 3LW, UK
UKHW031056260726
13965UKWH00006B/1413